Christoph Klimke · Dem Skandal ins Auge sehen – Pier Paolo Pasolini

Profile der Avantgarde

Christoph Klimke

Dem Skandal ins Auge sehen

Pier Paolo Pasolini

Ein biografischer Essay

Elfenbein

Erste Auflage 2015
© 2015 Elfenbein Verlag, Berlin
Einbandgestaltung: Oda Ruthe
Alle Rechte vorbehalten
Druck und Bindung: Finidr, s.r.o.
Printed in the Czech Republic
ISBN 978 3 941184 49 7

I

ICH WEISS

Ich weiß alle diese Namen und weiß alle Taten (Anschläge gegen Institutionen und Bombenmassaker) derer, die sich schuldig gemacht haben.
Ich weiß, aber mir fehlen die Beweise [...]
Ich weiß, weil ich ein Intellektueller bin, ein Schriftsteller, der versucht, all das zu verfolgen, was geschieht, all das kennenzulernen, was darüber geschrieben wird; jemand, der auch fernliegende Fakten miteinander verknüpft, der die Einzelteile und Bruchstücke eines zusammenhängenden politischen Gesamtbildes miteinander verbindet, der dort Logik einsetzt, wo Willkür, Wahnsinn und Geheimnis zu herrschen scheinen. Der Roman von den Massakern.
In: Freibeuterschriften

Die *Freibeuterschriften*, dieser berühmte Band mit streitbaren politischen Texten Pier Paolo Pasolinis, erscheint 1975, in dem Jahr also, in dem der Dichter, Filmer und Polemiker ermordet wird. Das Buch bleibt Pasolinis große Streitschrift seiner Kritik an der Gleichmacherei, an der Nivellierung von kulturellen Unterschieden, an der Zerstörung der Natur, am Aushungern der »Dritten Welt«, an der angeblichen Alternativlosigkeit von politischen Entscheidungen und an der Entwertung durch eine Gesellschaft, die nur noch konsumiert. Er prägt den Begriff des *Konsumfaschismus*.

Sein Film *Das 1. Evangelium – Matthäus* hat ihn weltberühmt und seine cineastische *Trilogie des Lebens* reich gemacht. Von der *Trilogie* distanziert er sich inhaltlich wie künstlerisch, und das Geld benötigt er nicht nur für seine vielen Pläne, sondern auch für die vielen Prozesse, die gegen ihn angestrengt werden. Mit ungebrochener Energie und Empathie arbeitet er in seiner Wohnung in Rom und seinem Anwesen bei Viterbo an einem großen Roman-Projekt und weiteren Film-Ideen. Er schreibt Artikel, zeichnet und malt. Rastlos beschreibt er weiterhin den Wandel Italiens und verändert von Buch zu Buch oder von Film zu Film die Form. Er scheut keine Widersprüche und keine Anklage. Am frühen Ende seines Lebens ist er nicht autodestruktiv, sehr wohl aber schafft er Auditorien an der Grenze zur Selbstgefährdung. Er weiß um seine Autorität als Kritiker und nutzt seine *verzweifelte Vitalität* als eine enorme Kraft.

Mit der poetischen Wünschelrute oder dem Blindenstock des Dichters zieht Pasolini durch Rom und die Weltgeschichte. Er will den Rückgewinn von Geschichte. Sein Werk ist, so würde es Theodor Lessing formulieren, eine »Flaschenpost im Eismeer der Geschichte«. Wen sie erreicht, der weiß, er ist nicht allein. Das ist schon viel.

In den siebziger Jahren veröffentlicht Pasolini seinen Gedichtband *Trasumanar e organizzar* (1971). Er dreht *Medea* (1970), es erscheint seine Essay-Sammlung *Emperismo eretico / Ketzererfahrungen,* eine Sammlung von Schriften zu Sprache, Literatur und Film (1972). Ab 1973 veröffentlicht er in den größten italienischen Tageszeitungen Artikel, mit denen er sich der Polemik gegen ihn selbst als eine *Person aus Fleisch und Blut* stellt (so formuliert Pasolini seine Rolle als Autor in einem Brief an Alberto Moravia) und die gesammelt als *Freibeuterschriften* in Buchform erscheinen werden. Er überarbeitet seinen frühen Gedichtband *La meglio gioventù* (1954), und so erscheint *La nuova gioventù* (1975). Sein Film *Salò oder die 120 Tage von Sodom* kommt erst nach seinem Tod in die Kinos.

In der Nacht vom 1. zum 2. November wird Pier Paolo Pasolini in der Nähe von Ostia ermordet. Er wollte *seinen Körper in den Kampf werfen,* wie er in dem Gedicht *Who is me* (1965/66) schreibt. Schnell deuten Kollegen, Weggefährten und Kritiker diesen Mord als eine Szenerie wie in einem seiner Filme. Sie lesen die Gedichtzeilen, wie *Ich komme von dir und kehre zu dir zurück* (Fragment an den Tod. Aus: *La religione del mio tempo,* 1958) oder die Gedichte *Furcht vor mir?* (*Trasumanar e organizzar,* 1975) und *Eine verzweifelte Vitalität* (*Poesia in forma di rosa,* 1964), als Vorwegnahme dieser Todesszenenerie. Vielleicht hat Pasolini sein Schicksal »vorgeträumt«, wie der Soziologe Peter Kammerer schreibt. Er verweist hierbei auf das Dante-Zitat aus dem 30. Gesang der Hölle: »Wie einer, der sein eigen Unglück träumet«. Dem Opfer aber zu unterstellen, es habe den Tod gewollt, ist so pervers wie diese Gesellschaft, die Pasolini »praktisch getötet« habe, wie Alberto Moravia anklagt.

»Pelosi und die anderen [Mörder] waren der Arm, der Pasolini tötete, aber die Auftraggeber waren Tausende, im Grunde die ganze italienische Gesellschaft.« Alberto Moravia

»Du hast die Sünde zu sehr gehasst, Sex, der für dich Sünde war. Du hast zu sehr die Reinheit geliebt, die Keuschheit, die für dich Rettung war. Und je weniger Reinheit du gefunden hast, umso mehr hast du dich gerächt und den Dreck gesucht, das Leid und die Vulgarität, wie eine Strafe.« Oriana Fallaci

»Sehr geehrter Pasolini, wenn ich, ein Bürger der Rechten, sehe, wie ein Schwarzer einem Weißen die Haut abzieht, sage ich ›armer Weißer‹. Sie hingegen sagen ›armer Schwarzer‹. Wegen dieser meiner Solidarität eines Weißen mit der weißen Rasse beschuldigen Sie mich des Rassismus. Denn Sie sind ein bürgerlicher Linker und als solcher ein Konformist.« Giovanni Guareschi

»Gestern Abend spürte ich sie greifbar in der Luft, die Gewalt, und sie presste mir die Eingeweide ab, und ich war gespannt wie eine Feder. Eine direkte Provokation hätte mir genügt. Solange man im Saal ist, finde ich die Faschisten – jedenfalls die von der gestrigen Sorte – komisch, ärgerlich, bedauerlich, auch wenn gewisse Gesichter nicht täuschen können. (Haben Sie den geschniegelten Jungen bemerkt, der von Gedanke und Aktion sprach? Ein Neuropath, der einige Bücher gelesen hat.) Draußen jedoch war das andere Gesicht des Faschismus, die schwarze, dumpfe Gewalt, der gegenüber ich nicht rational sein kann und wider alle meine Ideen empfinde, dass sie mit einer anderen Gewalt überrollt gehört. Abstrakt hatte ich ja schon eine Vorstellung von dem psychologischen Druck, dem Sie durch diese Art von Episoden seit Jahren ausgesetzt sind.« Morando Morandini

»Im versteinerten Rom von heute ereignete sich ein christlicher, revolutionärer, sokratischer Tod… Pasolini, ein heiliger Laizist, wußte, wo er hinging, er wollte dorthin gehen.« Marco Panella

»Pasolinis letzter Film ›Salò oder die 120 Tage von Sodom‹ ist ein Kunstwerk. Dies hat die 1. Strafkammer des Bonner Landgerichts unter Vorsitz von Richter Helmut Quirini festgestellt. Eine Kopie des Filmes war im Februar in Bonn wegen Verstoßes gegen das Verbot der Verherrlichung von Gewalttätigkeit und wegen Verbreitung von Pornografie beschlagnahmt worden.«
Süddeutsche Zeitung, 7. 4. 1976

»Eine grundsätzliche Auseinandersetzung mit dem Vater, nach Art, aber wilder und verderbter geworden, des Ringens Jakobs mit dem Engel, lese ich auch in Pasolini Ende, wenn Sie gestatten. Ich weiß wohl, dass abgesehen von dem öffentlichen Aufsehen großzügige kriminologische Rekonstruktion dieses so grauenhaften *fait divers* versucht wurde im angstvollen Bestreben, das Absurde rational zu bannen. Wie auch immer die Antworten der Kriminologen ausfallen mögen, die Theodizee, glaube ich, muss hier weniger verkürzend erscheinen. Gewiss, die Metaphern, die mir beistehen, sind im Vergleich zu sauber und zu tröstlich. Eine ist die Rettungserklärung eines anderen Sünders, des Doktor Faust; wenn sie nicht postum Bedeutung erlangte durch das Wissen, dass die Agonie seines ›olympischen‹ und für damalige Zeit langlebigen Dichters grausam und voller Verzweiflung sein würde. Die anderen könnte ich nur mit dem entscheidenden Distichon ausdrücken, ›auf der verlassenen Bettstatt / ruhte er neben ihm‹; wenn ich nicht daran dächte, dass anstelle des Bettes im Exil eine mit widerlichen Abfällen übersäte, hässliche Vorstadtheide steht.« Gianfranco Contini

»Vor dem Schriftsteller muss die Psychoanalyse die Waffen strecken, sagte Freud über Dostojewski. Pasolini, wenige Monate vor seinem Tod befragt, wie er sich definieren würde, antwortete: Schriftsteller.« Maria-Antonietta Macchocchi

»Jeder Homosexuelle fühlte sich betroffen, als die Ermordung des Dichters und Filmers Pier Paolo Pasolini bekannt wurde; jeder hatte schon einmal seinem Mörder nachgeblickt.«
Hubert Fichte

»Der Junge hat sich gewehrt gegen die Versuche des Herrn Pasolini. Wie sich ein Mädchen wehrt, das vergewaltigt werden soll. Und hat dann Pasolini umgebracht. Basta cosí.«
Leserbrief eines Psychiaters

»Menschenschinderei und Mord sind die logische Folge pueriler, lebensfeindlicher Weltverbesserungsideologien. Jakobiner sind hier um kein Haar besser als Faschisten.« Leserbrief

»Ich erfahre, dass er sich zum Marxismus bekannte, was heutzutage von einer verrückten, ja, skandalösen Originalität zeugt. [...] Zweimal hat er den großen Preis der katholischen Filmakademie erhalten, die bekanntlich von revolutionären Akrobaten übervölkert und für ihre Kühnheit seit jeher berühmt ist. Sein letzter Film schließlich [...] ist eine Adaption des guten, alten Marquis de Sade, von dessen guten, alten Wahnideen sich zwei von drei Filmemachern inspirieren lassen. Man muss zugeben, dass man den Neokonformismus nicht weiter übertreiben kann, ohne dadurch zu Bedeutungslosigkeit herabzusinken.«

Leonardo Sciascia

»Erst mit dem zertrümmerten Kopf und dem zerschleiften Körper konntest Du deine Angst auslöschen und Deinen Freiheitsdurst stillen.«

Oriana Fallaci

»Pasolini ist ein triebhafter Psychopath, ein sexuell Anomaler, ein Homophiler im absolutesten Sinn des Wortes. Pasolini ist so tief anomal, dass er seine Anomalie mit vollem Bewusstsein bis zu dem Punkt akzeptiert, dass er sich unfähig zeigt, sie als solche einzuschätzen […], er ist ein exhibitionistischer und skeptophiler Homosexueller […], ein Subjekt mit schwer vorbelasteten Trieben und tief verwurzelter Unsicherheit. […] Im fraglichen Fall besteht der begründete Verdacht, dass die von Pasolini begangene kriminelle Handlung Ausdruck einer Geisteskrankheit ist, die seine Zurechnungsfähigkeit ausschließt oder zumindest stark getrübt hat.«

Aldo Semerari, Psychiater und Gutachter.
Sein Bericht geht auch an die Presse.

»Pasolini ist im Grunde das Opfer seiner eigenen Romane und Filmfiguren.«

Michelangelo Antonioni

»Endlich sind wir ihn los, diesen Wirrkopf, dieses Relikt aus den 50er Jahren.«

Edoardo Sanguineti

»Dieser grauenhafte Mord stimmt überein mit der düsteren, wilden Gewalt, die es stets in der enormen Pasolinianischen Vitalität gegeben hat.«

Alberto Bevilacqua

»Für Genet ist Pasolini ein Lire-Milliardär, der für den Bäckerjungen Pelosi möglicherweise als Verräter der Arbeiterklasse dasteht […]. Es ist alles Ausdruck von einem, seit Urzeiten bis hin zur Konsumgesellschaft, bis hin zum Sexus als Ware: Aggression, zerfetzen. Und es fasziniert ihn. Hass und Begierde fallen zusammen.«
Hubert Fichte

»Vor allem haben wir einen Poeten verloren, und Poeten gibt es nicht viele auf der Welt, es kommen derer alle hundert Jahre nur drei oder vier zu Welt […] der Poet müsste uns heilig sein.«
Alberto Moravia in seiner Trauerrede auf dem Campo de' Fiori in Rom

November 1975: Diese seltsamen Nachrufe und Deutungen des Lebens, Werkes und Todes von Pier Paolo Pasolini, verfasst von Weggefährten, von Lesern, Gutachtern oder Psychiatern, solche Diffamierungen spiegeln den intoleranten und rassistischen Teil einer Gesellschaft wider, die zu wissen vorgibt, welche Künstler in ihr arbeiten sollen und und welche eben nicht. Höre ich mir heutige Diskussionen über Pasolinis Tod an, hat sich da allerdings wenig geändert. Immer noch liest man Mutmaßungen, Pasolini habe so enden müssen.

1975 hat in Italien sicher ein anderes gesellschaftlich politisches Klima geherrscht. Damals urteilten selbsternannte Richter über ihren Freund oder Kollegen mit Begriffen wie »Sünde«, »Konformist«, »heiliger Laizist«. Da wurde gemutmaßt, Pasolini »wollte dorthin gehen« oder: »jeder [Anmerkung des Autors: also jeder Homosexuelle] hatte schon einmal seinem Mörder nachgeblickt«, nach dem Motto: selbst schuld. Diese postume Inquisition gibt dem Schriftsteller Alberto Moravia Recht: »… die Auftraggeber waren Tausende, im Grunde die ganze italienische Gesellschaft.«

Sicher, Pasolini selbst hat Begriffe wie »Sünde« oder »Schuld« immer wieder benutzt. Aber sein Vokabular aus dem Zusammenhang zu reißen und gegen ihn zu verwenden ist billig. Sein Text *Ich weiß* hat Pasolini gefährdet. Bis heute bleibt der Mord an diesem bedeutenden Künstler des 20. Jahrhunderts ungeklärt.

Der Reichtum des Wissens

Aber in jener Welt, die nicht einmal das Bewusstsein
des Elends besitzt, die heiter ist, hart,
ohne jeglichen Glauben, da besaß ich,
war ich reich!
Nicht nur weil eine bürgerliche Wohlanständigkeit
in meiner Kleidung lag, in meinen Gesten
lebhafte Ruhe und unterdrückte Passion:
sondern weil ich meines Reichtums
mir nicht bewusst war!

Arm zu sein, war nur ein Zufall für mich
(oder ein Traum, vielleicht, ein unbewusster
Verzicht dessen, der im Namen Gottes Protest übt ...)
Mir gehörten Bibliotheken und Galerien,
Werkzeug für jegliches Studium: in meiner Seele,
die zur Leidenschaft geboren war, lebten schon ganz,
in leuchtenden Reproduktionen,
San Francesco und das Fresko von San Sepolcro
und das von Monterchi: der ganze Piero della Francesca
[...]
Dieser Reichtum, es ist wahr,
war fast schon verbraucht,
dieser Zustand erschöpft: doch ich war
wie der Reiche, der wohl schon Haus und Habe
verloren hat und doch noch darin lebt, es gewohnt ist:
der weiterhin Herr bleibt ...

La religione del mio tempo. In: Unter freiem Himmel

Dieses Wissen und diese Leidenschaft führen den Schriftsteller und Filmemacher Pier Paolo Pasolini auf dem Fundament seiner enormen Bildung wie einen Suchenden von Werk zu Werk, von These zu These, von Form zu Form. In seinen Gedichten, in der Prosa, in den Filmen und seiner Essayistik oder den Artikeln: Wie der künstlerisch Suchende sich nicht wissenschaftlich, sondern nach subjektiven Kriterien und in einer eher zufälligen Auswahl sein Wissen in Geschichte, Kunstgeschichte, Literatur, Malerei oder Philosophie aneignet, so nutzt er es in der eigenen Kunst als Material.

In der Fülle der Werke Pasolinis und bei aller Unterschiedlichkeit an Qualität scheint es mir einen roten Faden zu geben: Die beiden Pole Leidenschaft und Wissen führen den Künstler von der Politik zur Kunst und wieder zur Politik, oder von der Illusion zur Kunst, zur Desillusion und wieder zur Kunst.

In meinem Essay möchte ich Pasolini nicht einbeuten für eine Anleitung zum Anderssein. Sein Werk muss auch nicht aktualisiert werden. Schon mal gar nicht sehe ich mich in der Reihe derer, die seine Ermordung als Kunstwerk oder als zwangsläufig deuten; und ich bin auch kein Konservativer, der Pasolini zu nutzen weiß, um den eigenen reaktionären Glauben aufzuwerten. Vielmehr glaube ich, dass Pasolinis Werk ein Plädoyer ist für eine andere Währung als die der Börse.

In ihrem Vorwort zu dem Buch des Politologen Giorgio Galli, »Pasolini – der kommunistische Dissident« (Hamburg 2014), schreibt Fabien Kunz-Vitale von der »Weiterverwendbarkeit der Gedanken Pasolinis«, als hätte Pasolini mit seinem Werk eine Art Handbuch hinterlassen. Das hat er sicher nicht.

Seinem Gedicht *Der Reichtum* stellt er voran: *Drei Obsessionen: Zeugnis ablegen, lieben, gewinnen.* Diese Obsessionen bestimmen seinen künstlerischen Weg.

Zwischen Horizonten, die das betäubte umbrische Blau
überzieht mit besonnten Betten von Flüssen
und gepflügten Hügeln, die sich im Himmel
verlieren, so blank, dass sie die Hornhaut
verletzen, oder in Tälern, wo Buchten
leuchtend sich öffnen, du, argloses
Automobil – in dessen Ledersitz
ich nur Gewicht bin – und du, der du es lenkst
und in diesem Gewicht an deiner Seite – während
du zu ihm sprichst, großspurig, als Fachmann –
allzu viel Leben vermutest… etwas gibt es, das,
unvermittelt, gemischt aus Rührung und Hass,
wirrer Begeisterung und rastlosem Überdruss,
unsichtbar für euch, geschieht.

Und in diesem Geschehen vollzieht sich
die schlimme Zerstörung, wenn auch voll Freude und Glanz.
Es verglüht das Ich. Und weil ohnmächtig,
blind und hörig dem Exzess
der Vision der ist, der seinen Brand spürt
wie aus einem anderen Leben, sollte er nur Mitleid haben
oder Verständnis! Und nicht den Abscheu
vor dem Menschen, der, dem Rückschritt verfallen,
ihm die alte, jugendliche Passion geraubt hat!

Und könnte sie nur verbrennen, unter diesem
verschlissenen Kleid, dieser Stirn, die erdröhnt
von der Fahrt, die Begierde, die – unverkennbar –
Zeugnis ablegen will.
[…]   La religione del mio tempo. In: Unter freiem Himmel

Als ich im Dezember 2014 die Ausstellung »Pasolini Roma« im Berliner Martin-Gropius-Bau besuche, bleibe ich besonders lange vor einer Wand stehen, auf der unzählige italienische Artikel aus

Zeitungen und Zeitschriften sowie Auszüge aus den Prozessakten zu lesen sind, in denen Pier Paolo Pasolini angeklagt, verunglimpft und beschimpft wird: Hier spiegelt sich der erschreckende Versuch wider, mittels moderner Inquisition zu Lebzeiten einen Künstler und sein Werk zu beschädigen oder gar zu vernichten.

Pier Paolo Pasolini, geboren am 5. März 1922 in Bologna, aufgewachsen im friulanischen Casarsa, wird am 2. November in der Nähe von Ostia ermordet. Schnell wird der vermeintliche Täter gefasst, ein minderjähriger Stricher, der – was die Hintermänner wussten – Pasolinis »Typ« eines Jugendlichen entspricht. Der Lockvogel steigt in Pasolini Wagen ein, und die beiden fahren raus aus Rom an den Tatort bei Ostia, wo, wie man weiß, mindestens ein zweiter Wagen wartet. Pasolini wird niedergeschlagen und mit dem eigenen Wagen mehrfach überfahren. Der junge Mann will nicht gewusst haben, dass das Opfer der Schriftsteller und Filmemacher Pier Paolo Pasolini ist. Er habe sich nur wehren wollen. Er nimmt die Schuld auf sich und bleibt bis vor wenigen Jahren bei dieser Version. Inzwischen sagt dieser (Mit-)Täter aus, dass er und seine Familie von den Auftraggebern massiv bedroht worden seien. Jetzt nach dem Tod der Eltern fühle er sich frei, das falsche Geständnis zu revidieren. In heutigen Befragungen spricht er von zwei Autos und einem Zweirad und sechs Männern am Tatort. Außerdem habe er Pasolini vor dieser Mordnacht mehrfach getroffen.

Obwohl alle Indizien dagegen sprechen, glaubt die Boulevard-Presse und politische Rechte Italiens 1975 schnell und gerne an den Mord im Affekt an einem Schwulen. Selbst Kollegen von Pasolini meinten, dieses Leben hätte so enden müssen – wie in einem seiner Filme oder Gedichte. Versuche, den Prozess wieder aufzurollen, führen nicht weiter.

Der eingangs von mir zitierte und 1975 in den *Freibeuterschriften* veröffentlichte *Roman von den Massakern* liest sich als eine einzige Anklageschrift gegen die italienische Regierung, aber auch gegen eine Gesellschaft, die sie gewählt hat und wieder und wieder wählt (die christdemokratische Regierung unter Giulio Andreotti):

Der Roman von den Massakern

Ich weiß.
Ich weiß die Namen der Verantwortlichen für das, was man Putsch nennt (und was in Wirklichkeit aus einer ganzen Serie von Putschen besteht, die als System der Herrschaftssicherung auftritt).
Ich weiß die Namen der Verantwortlichen für die Bomben von Mailand am 12. Dezember 1969.
Ich weiß die Namen der Verantwortlichen für die Bomben von Brescia und Bologna von Anfang 1974.
Ich weiß die Namen des »Spitzengremiums«, das sowohl die alten Faschisten – die Planer der Putsche – steuerte, als auch die Neofaschisten, die mit eigener Hand die ersten Bomben legten, und schließlich auch die »unbekannten« Urheber der jüngsten Anschläge.
Ich weiß die Namen derer, die jene beiden unterschiedlichen, ja sogar entgegengesetzten Phasen der politischen Spannung gelenkt haben: eine erste, antikommunistische Phase (Mailand 1969) und eine zweite, antifaschistische Phase (Brescia und Bologna 1974).
Ich weiß die Namen der Mächtigen, die mit Unterstützung der CIA (und in zweiter Linie auch der griechischen Obristen und der Mafia) zunächst einen antikommunistischen Kreuzzug inszenierten, um die Revolte von 1968 abzuwürgen (womit sie im Übrigen elend gescheitert sind) und sich dann, auch diesmal unterstützt und inspiriert vom CIA, eine neue antifaschistische Jungfräulichkeit gaben, um über das Desaster des Referendums hinwegzukommen.
Ich weiß die Namen derer, die zwischen zwei Kirchgängen ihren Leuten die Anweisungen erteilten und politische Rückendeckung zusicherten: alten Generälen (um die Organisation für einen möglichen Staatsstreich auf Abruf bereitzuhalten), jungen Neofaschis-

ten – oder besser gesagt: Neonazis – (um konkret eine Situation antikommunistischer Spannung zu schaffen) und schließlich ganz gewöhnlichen Kriminellen, die bis jetzt noch – und vielleicht für immer – ohne Namen sind (um die anschließende antifaschistische Spannungssituation zu erzeugen). Ich weiß die Namen der ernsthaften und bedeutenden Persönlichkeiten, die hinter solchen Witzfiguren stehen, wie jenem General der Forstpolizei, der auf recht operettenhafte Art in Città Ducale operierte (während die italienischen Wälder in Flammen standen) oder hinter jenen grauen Organisatoren wie dem General Miceli.

Ich weiß die Namen der ernsthaften und bedeutenden Persönlichkeiten, die hinter den tragischen Gestalten von Jugendlichen stehen, die sich für die selbstmörderischen faschistischen Greueltaten entschieden haben, und hinter den gewöhnlichen Verbrechern – ob sie nun Sizilianer sind oder nicht –, die sich als Killer und bezahlte Mörder zur Verfügung stellten.

Beschreibt Pasolini einerseits den *Reichtum des Wissens* als geistigen Gewinn und sein Zuhause, wird hier die ungeheure Gefährdung des Dichters und Filmemachers sichtbar. Schließlich wollte er diese Namen und seine Informationen im Roman-Projekt *Petrolio* verwenden. Das Manuskript konnte er nicht mehr beenden.

Bis heute unverständlich bleibt die Tatsache, warum er mit dem Jugendlichen an diesen Ort gefahren ist. Plausibel erscheint die Theorie, dass der Lockvogel ihm gesagt haben kann, ihm sollten dort Materialien übergeben werden, Material, das Pasolini zuvor entwendet worden war, oder neues Material für seine nächsten Projekte. Zudem hat Pasolini die Fahrt an den Tatort mehrfach unterbrochen und somit hinausgezögert. Um schnellen Sex ging es offensichtlich nicht.

Petrolio wäre sicher kein »Handbuch« geworden, hätte aber die politische Misere Italiens, des wachsenden Konsumfaschismus, sowie die auch heutigen Lügen von der politischen Unveränderbarkeit und Alternativlosigkeit benannt. Zudem wäre dieser Roman ein Zeugnis geworden der ungebrochenen Kraft des Schriftstellers Pier Paolo Pasolini.

II

EIN FRIAUL, DAS UNBEKANNT
LEBT MIT MEINER JUGEND

Pauli Colús: Nein, S'ciéfin, ich schweige nicht, bei Gott. Ich weiß nichts von den vielen Toten auf der Welt: dass sie tausendfach gestorben, ich weiß es nicht. Für mich gibt es nur einen Jungen auf der ganzen Welt, Meni Colús, mein Bruder, ist gestorben. Ich weine nur um ihn, und nur deshalb lästere ich unseren heiligen Herrn. Was kümmern mich alle diese niedergebrannten Dörfer der ganzen Welt, unser Dorf ist niedergebrannt und verlassen von jener heiligen und seligen Jungfrau, zu der wir so viel gebetet haben, die wir so oft angerufen haben, und die jetzt nicht auf uns herabschaut, und die ich noch im Sterben lästere, mit dem Hauch meiner armen Menschenseele. Die Türken in Friaul

»*Ihr wollt also*«, *schnitt ihm Pitotti die Rede ab*, »*dass ich einfach aus eigener Initiative Arbeiter einstelle. Ich sage euch gleich, dass ich das nicht tue! Ich kann nicht gegen das Gesetz handeln, noch weniger entgegen der Wohlverhaltenslinie meines Verbandes. […] Ich kann mich nicht allein gegen alle meinesgleichen stellen.*«

Der Traum von einer Sache

Es ist ein Sonntagmorgen; kein Alarm ertönt […] Ich sitze, meine grüne Jacke über der Schulter, auf einem Reisigbündel und beobachte. Nisiuti sitzt Seite an Seite mit seinem Cousin auf einer hohen Holzkiste, so dass seine Beine gestreckt bleiben. Er sieht mich mit so viel Sympathie und Zuneigung an, dass ich das Licht seiner Augen mit einem anderen Gefühl verwechsle. Unkeusche Handlungen

»*Es war keine Belästigung*«, *sagte Iiasìs und sah ihn an.* »*Vielleicht nicht, aber du hast alles getan, damit ich es glaube. Anfangs hatte ich dich für einen guten, aufrichtigen Jungen gehalten … Und stattdessen hast du mich nur leiden lassen … Ich habe mich geirrt, und jetzt musst du dafür zahlen. Aber es langt mir mit dir, es langt. Hast du verstanden?*«

»*Ja.*«

»*Es tut mir leid, dich zu verlassen, weißt du … Iasìs … Es ist,*

als würde mir ein Stück aus dem Herzen gerissen... Du kannst das nicht verstehen, weil es dir nichts ausmacht, ich weiß.«
»Es macht mir aber etwas aus.« Amado mio

Pasolini fühlt sich sein Leben lang vor allem mit seiner Mutter verbunden. Sie ist seine Familie. Sein Vater ist Berufsoffizier, Faschist, ein Choleriker und Trinker. Seine Mutter arbeitet als Volksschullehrerin in Friaul. 1925 wird sein Bruder Guido geboren. In Bologna studiert Pasolini Kunstgeschichte und Literatur. 1945 schreibt er seine Abschlussarbeit über den Dichter Giovanni Pascoli, der politisch eine umstrittene Figur bleibt. 1942 erscheint sein erster Gedichtband *Poesie a Casarsa* in der Sprache Friauls. Er schreibt für Zeitschriften und gründet die Akademie der friulanischen Sprache. Guido wird bei einem Gefecht zwischen seiner Partisanengruppe und den gegnerischen Kommunisten erschossen. Pasolini wird immer von seinem Bruder erzählen, er habe mit der Waffe gekämpft, während er selbst mit den *Waffen der Poesie* kämpfe. Bei seinem Film *Das 1. Evangelium – Matthäus* (1964) gibt er seiner mitspielenden Mutter, die am Kreuz den ermordeten Jesus beweinen soll, die Regieanweisung: »Denk an Guido«.

Montag (um 1949)

Friulanische Zeit! Eine feuchte Rinde
vom Holunderbaum, ein Stern
aufgegangen mitten im Rauch
der Feuerstätten, eines Abends
im Nieselregen-Heustaub
im Haar oder auf der Brust
eines Jungen, der verschwitzt
von den Feldern kommt
im glühenden Abend.
[...]

> *Tage leuchtend wie Wasser,*
> *frische Lichter in der Feuchte,*
> *wenn der Abend vergeht*
> *im duftenden Dunst…*
> *Alles vorbei, alles:*
> *ein Friaul, das ungekannt lebt*
> *mit meiner Jugend*
> *jenseits der Zeit, in einer Zeit*
> *zerstoben vom Wind.*
> *[…]*
>
> La meglio gioventù. In: Das Herz der Vernunft

Natürlich kann die Übersetzung nichts von dem Friulanischen wiedergeben, in dem das Original geschrieben ist. Und selbst für einen Kenner des Italienischen bleibt diese Lyrik hermetisch. Den ersten Gedichtband widmet Pasolini seinem Vater, der in Kriegsgefangenschaft geraten ist. Er selbst erlernt die Sprache seiner Mutter. Wie Pascoli fühlt er sich dem Regionalen, dem Dorf, den Bewohnern und ihrer Sprache, sowie der Natur verbunden und als Dichter den archaischen Wurzeln verpflichtet. Später wird er das Verschwinden dieser Sprachen beklagen als einen großen Kulturverlust Italiens. Postum erscheint sein Buch *Die Türken in Friaul,* ein Einakter nicht nur über das Eindringen der Türken im 15. Jahrhundert, sondern auch über die Zeit der deutschen Besetzung 1943 bis 1945. Casarsa litt unter den deutschen Soldaten, aber ebenso unter den Partisanen sowie den angloamerikanischen Bombardierungen. In dieser dramatischen und lyrischen Prosa macht Pasolini einen weiteren Schritt als politischer Autor. Er will die Geschichte zurückgewinnen für die Gegenwart.

Deutlich wird das auch in seiner Prosa *Der Traum von einer Sache* (1962), der er das Karl-Marx-Zitat voranstellt: »Unser Wahlspruch muss also sein: Reform des Bewusstseins nicht durch Dogmen, sondern durch Analysieren des mystischen, sich selbst unklaren Bewusstseins, trete es nun religiös oder politisch auf. Es wird sich dann zeigen, dass die Welt längst den Traum von einer Sache besitzt.« Postum erscheinen 1982 zwei Prosa-Werke Pasolinis, *Unkeusche Handlungen* und *Amado mio*, die er Romane *über die Freundschaft* nennt. Er weiß, dass er hiermit *viel riskiert*, geht es doch um eine Liebe zwischen Jugendlichen, jungen Männern, die er selbst als *Sünde* bezeichnet.

Pasolini wird Mitglied der kommunistischen Partei und dort Sektionssekretär, arbeitet als Lehrer in einem Nachbarort und liest mit seinen Schülern sogleich vor allem die italienische Lyrik. In ersten essayistischen Texten und Artikeln greift er die sogenannte »Kultur des Fortschritts« an und verreißt die bürgerliche Literatur. Nahm Pasolini als Jugendlicher am faschistischen Alltag teil und schrieb für eine Studentenzeitschrift, findet er jetzt seine eigentliche politische Heimat und seinen *Traum von einer Sache*. Er sieht den Untergang des agrarischen Italien und damit auch den Verlust von dessen Geschichte, Kultur und Bewusstsein. In Italien beginnt die radikale Industrialisierung, beherrscht von einer auf lange Zeit hin installierten christdemokratischen Regierung, die ihre Macht in allen Bereichen von Politik und Gesellschaft, Kirche und Wirtschaft auszubauen weiß.

Nach einer Anzeige wegen »obszöner Handlungen« verliert Pasolini seine Arbeit als Lehrerstelle und wird aus der kommunistischen Partei ausgeschlossen. Im Winter 1949/50 macht er sich mit seiner Mutter auf den Weg nach Rom. Er verliert seine biografische und auch politische Heimat. Doch diese Flucht wird eine Art Aufbruch in für ihn bislang unbekannte Welten. Wäre er in Friaul geblieben – aber das ist sicher nur Spekulation –, hätte sein Werk kaum so vielfältige Formen angenommen.

III

MIT DEM WISSENDEN HERZEN

Der Heimat seiner Mutter, Friaul, und deren Sprache bleibt Pasolini sein Leben lang als Dichter und auch als Sprachwissenschaftler verbunden. Er nennt das Verschwinden dieser Sprachen einen Genozid. Er wird seinen ersten Gedichtband sehr viel später überarbeiten und unter neuem Titel wieder publizieren. Er selbst muss sich quasi auf der Flucht als ein Heimatloser und Vertriebener gefühlt haben. Vielleicht war der frühe Verlust der Mitgliedschaft in der KPI für sein politisches Denken sogar ein Gewinn. Schließlich wird Pasolini immer wieder mit der Partei und deren Führung streiten und somit deren klügster Weggefährte.

Pasolini zieht in die »Borgate«, in die Vorstädte Roms, weit weg von der historischen und reichen Innenstadt mit ihren Kuppeln und Palästen. Dem »Palazzo«, also der politischen Macht, rückt er allerdings als Kritiker immer näher.

Pasolini arbeitet als Nachhilfelehrer, spielt nachmittags mit den Jungen Fußball und lernt ihre Sprache, also wieder eine Fremdsprache. Er schreibt für Zeitungen und das Radio. Seine Lyrik bekommt jetzt einen ganz anderen Ton und ist in der italienischen Literatur einzigartig. Pasolini läuft durch die armen Borgate der Großstadt, fährt mit der überfüllten Straßenbahn in die Innenstadt, vorbei an den Monumenten und Kirchen, hat die Geschichte Roms im Kopf und vor Augen und erlebt diese für ihn neue Welt als Befreiung und Bürde gleichermaßen. Seine Gedichte lesen sich wie das poetische Tagebuch eines Suchenden.

Er erhält eine Anstellung in einer Privatschule, lernt die römischen Autoren Emilio Gadda, Sandro Penna, Giorgio Bassani, Elsa Morante und Alberto Moravia kennen, die für ihn Kontakte zu den großen Filmregisseuren knüpfen. Für sie beginnt er, Drehbücher zu schreiben. Er veröffentlicht Lyrikbände, und mit dem Honorar, das der Verleger Garzanti ihm 1955 für seinen ersten Roman *Ragazzi di vita* zahlt, wird er freier

Schriftsteller und kündigt seinen Lehrerjob. Mit den Autoren Francesco Leonetti und Roberto Roversi gründet er im selben Jahr die Zeitschrift »Officina«. Die erste Ausgabe ist Giovanni Pascoli gewidmet und bietet eine kritische Auseinandersetzung mit dessen politischer Entwicklung vom Natur-Lyriker hin zum königstreuen Kolonialisten.

Im Zentrum von Rom

Vor dem Monte del Pecoraro lag ein großer Platz, und in der Nähe des Schilds mit der Aufschrift »Fine zona – Inizio zona«, kurz bevor sich die Felder bis weit zum Aniene hin auszudehnen begannen, befand sich die alte überdachte Haltestelle der Linie 309, deren Autobusse hier von der Via Tiburtina abbogen und zwischen den Wohnblöcken der Borgata nach Madonna del Soccorso fuhren. Alduccio wohnte, wie auch Begalone, im Wohnblock IV, am Ende der Hauptstraße dieser Borgata, kurz hinter dem Marktplatz, wo es eine lange Reihe von Straßenlaternen gab, die, wenn sie sich zur Dämmerung entlang der nicht mehr als zwei Stockwerke hohen Häuser einschalteten, den Eindruck erweckten, als befände man sich im Armenviertel eines Seebads. Die Straße schien sich hinter der leichten Steigung in den ausgeglühten Himmel zu verlieren, und die Geräusche verrieten, dass die Leute hinter den Lärmschutzwänden der Innenhöfe zu Abend aßen oder sich auf die Nachtstunden vorbereiteten. Um diese Zeit wimmelte es von Jungs und Kerlen, aber die wahren Genießer und Nachtschwärmer hielten sich noch in den Café-Bars oder an den Straßenecken auf und warteten auf den Einbruch der Nacht, nicht etwa, um ins Kino zu gehen oder zur Villa Borghese, sondern um sich irgendwo in einer geheimen Zockerhölle zu treffen, wo sie bis zum Morgengrauen Zecchinetta spielen konnten. Und während hier und da ein paar Jugendliche in den Hinterhöfen auf der Gitarre rumklimperten und die Frauen inmitten ihrer quengelnden Kinder noch mit Geschirrspülen oder

Aufwischen beschäftigt waren, kamen immer noch vollgestopfte Autobusse mit Menschen an, die von der Arbeit zurückkehrten. – »Mach's gut, Begalò«, sagte Alduccio, als sie zu Hause angekommen waren. – »Mach's gut«, sagte Begalone, »bis später«. – »Um neun treffen wir uns«, sagte Alduccio, »pfeif dann mal!« – »Gut, aber sei fertig«, sagte Begalone, während er die abgeblätterte Treppe weiter hochstieg, auf der sich ein Haufen kleiner Kinder tummelte.

Ragazzi di vita

Ragazzi di vita ist Pasolinis Debüt als Romancier und sofort ein Skandal. Während Italien sich um die Industrialisierung und ein eigenes Wirtschaftswunder bemüht, macht hier ein Schriftsteller die Verlierer der Gesellschaft zu Helden oder Antihelden. Dabei liefert er keine romantische Sozialstudie, sondern wie ein Stadtsoziologe die Schilderung des Alltags der Jugendlichen, die mal zusammen feiern, ein Ding drehen, als Stricher sich anbieten oder ihre Freundin zur Hure machen. Das Leben hier ist trostlos. Diese Vorstädte sind zwar eine vitale, aber auch ausweglose, verarmte und ignorierte Welt mit einer eigenen Sprache und eigenen Zwängen. Pasolini verleiht ihren Bewohnern literarisch eine Öffentlichkeit und der Literatur eine neue Sprache. Dabei nimmt er nie Rücksicht auf Konventionen oder die sogenannte Moral, schließlich kümmert das faschistische und bigott christdemokratische Bürgertum sich nicht um diese Jugend und deren Zukunft. Der Autor bleibt hier nicht ein Voyeur, sondern beschreibt das Innenleben seiner Figuren. Wie schon in Friaul will er ihre Sprachen und Dialekte bewahren oder zurückgewinnen. Zurückgewinnen ist wohl im Ganzen das poetologische Prinzip Pasolinis.

Auf *Ragazzi di vita* folgt 1959 der Roman *Una vita violenta* als eine Art Fortschreibung. Die Kommunistische Partei greift den Schriftsteller an und unterstellt ihm, eigene Vorlieben auf die Jugendlichen in den Borgate zu projizieren. Hier wird Empathie mit Vereinnahmung verwechselt. Und mit dieser Veröffentlichung beginnt eine beispiellose Serie von Prozessen gegen die Werke Pasolinis, Anzeigen wegen »Verbreitung unzüchtiger Schriften«, aber auch gegen seine späteren Filme und seine Person. Pasolinis Werk und sein Leben selbst werden zum Skandal.

Die Klage der Baggermaschine

I

Nur das Lieben, nur das Kennen
zählt, und nicht: geliebt und nicht:
gekannt zu haben. Beklemmend ist's,

von verbrauchter Liebe zu leben.
Die Seele wächst nicht mehr.
Im warmen Zauber der Nacht,

die hier unten, am Knie des Flusses,
im schläfrigen, lichtergesprenkelten
Traumbild der Stadt, noch von tausend

Leben zurückschallt, von Unliebe,
Rätsel und Elend der Sinne,
ist's das, was die Formen der Welt

mir unleidlich macht, die bis gestern
den Grund meines Daseins bedeuteten.
[…]

II

Arm wie die Katzen im Kolosseum,
fern von der Stadt und fern vom Lande,
lebte ich in einem Vorort aus Kalk

und Staub, und gezwängt jeden Tag
in den ächzenden Bus: jede Fahrt
in die Stadt und nach Hause

Stationen des Kreuzwegs, in Schweiß und Angst.
[...]
Ich war im Zentrum der Welt, dieser Welt

der tristen, beduinischen Viertel,
der gelblichen Wiesen, durch die ohne Ruhe
ein Wind strich, vom heißen

Meer bei Fiumicino herkommend
[...]

Die Geschichte wird durch »die Moderne« mehr und mehr ignoriert und verschüttet. So bleiben Anfänge und Gründe nicht nur nicht mehr erkennbar, eine Rückkehr wird unmöglich. Nur durch die Umkehr aber lässt sich die eigene Geschichte wiedergewinnen. Wer in die Wolken schaut und dabei die Wurzeln vergisst, hat sie verloren. Dieses Gedicht ist eines der wichtigsten Gedichte Pasolinis, nicht nur weil es wieder – und dieses Mal in einer sehr langen Form – den Weg des Dichters von den Borgate in die Innenstadt und zurück nach Hause beschreibt, also den Weg von der neuen Gegenwart hin zu der belebten Geschichte und zurück in die Zukunft, die politisch Aufbruch, Verzweiflung oder auch Resignation bedeuten kann. Wieder nutzt Pasolini den Reichtum seines Wissens und schreibt so eine Lyrik von bis dahin unvergleichlicher Form und Qualität. Ist *Ragazzi di vita* eine Art Vorstudie zu seinem ersten Film *Accattone* (1961), hat *Die Klage der Baggermaschine* die Qualität einer filmischen Fahrt durch die Ewige Stadt und ihre Geschichte und Geschichten. Pasolini, der Zeichner, beginnt mit einem Detail, geht weiter und weiter, fügt hinzu, reflektiert und hat dabei das ganze Bild vor Augen. Er veröffentlicht dieses Gedicht in seinem neuen Lyrikband *Gramscis Asche* (1957), für den er den »Premio Viareggio« erhält.

1956 hält Chruschtschow beim XX. Parteitag der KPdSU eine Rede, in der er zum ersten Mal offene Kritik an Stalin äußert. Die Massentötungen und sein Personenkult sind auch dem Vorsitzenden der KPI, Palmiro Togliatti, bekannt. Schließlich verlassen über 200.000 Mitglieder desillusioniert die kommunistische Partei. Das Nachkriegsitalien verwandelt sich: Die agrarische Wirtschaft und Kultur verschwinden langsam, die Industrialisierung schreitet voran, und in den Großstädten entstehen das »Subproletariat« und die Arbeiterklasse, deren Interessen die KPI vertreten will und muss. Dieses neue Bewusstsein mit neuen Werten beschreibt Pasolini in seinem Roman *Una vita Violenta*. Hier glaubt er, eine Welt zu finden, aus der Widerstand entstehen kann.

Leidenschaft und Wissen, Leidenschaft und Ideologie oder *erst Leidenschaft, aber danach Ideologie:* Auf dem Friedhof der »Nicht-katholischen« liegt Antonio Gramsci begraben. Der Mitbegründer der kommunistischen Partei und Verfasser politisch-philosophischer Schriften war 1926 durch Mussolini zu zwanzig Jahren Haft verurteilt worden. 1937 stirbt er im römischen Gefängnis. In *Gramscis Asche* formuliert Pasolini seinen Konflikt zwischen *passione e ideologia*.

III

*Neben der Urne auf wächsernem Grund
ein roter Fetzen, wie Partisanen
als Halstuch ihn trugen,*

*und von anderem Rot, zwei Geranien.
Hier bist du, unter fremde Tote verbannt,
verzeichnet in harter und nicht
katholischer Würde: Gramscis Asche... Zwischen Hoffnung
und altem Zweifel tret ich zu dir
[...]
Du schriebst deine hochherzigen Bücher
in den Jahren, als man dich quälte zu Tode.
[...]
Hier stehe ich selber, arm,
im billigen Anzug, wie ihn die Armen*

*im schäbigen Glanz der Schaufenster
bewundern, gesäubert vom Schmutz
der Gassen, der Straßenbahnbänke,*

*der meine Tage verstört: und immer karger,
im Kampfe ums Brot, ist bemessen die Freiheit.
[...]
Willenlos leb ich
seit dem verloschenen Nachkrieg: liebe die Welt,
die ich hasse – in ihrer Misere*

*verachten, verloren – aus einer unklaren
Schmach des Bewusstseins...*

IV

der Schmach des Widerspruchs, des Für-
und Wider-dich-seins zugleich: für dich
im hellen Herzen, im dunklen Gedärm wider dich.
[...]
Von dem proletarischen Leben, das älter
als du, fasziniert, ist seine Fröhlichkeit
mir Religion, und nicht sein tausend-
jähriger Kampf: seine Natur und nicht
sein Bewusstsein: die Ursprünglichkeit des Menschen

ward verloren in den Taten
und gab ihm den Rausch der Sehnsucht,
ein poetisches Licht [...]
Doch wie ich die Geschichte besitze,
so besitzt sie mich; ich bin erleuchtet:

doch was nützt mir das Licht?
[...]
Doch ich, mit dem wissenden Herzen
eines, der nur in Geschichte zu leben vermag,
werde ich nichts mehr aus reiner Passion vollbringen,
da ich weiß, dass zu Ende ist unsere Geschichte:

Gramscis Asche

Mit dem wissenden Herzen: so macht Pasolini sich immer wieder angreifbar. Betrieben die Autoren der »Officina« pure Stilkritik, fragt Pasolini sich in seinem Buch *Literatur und Leidenschaft* (1960), ob es »wirklich sinnvoll sei, das Irrationale den Feinden der Vernunft zu überlassen«, wie Thomas Schmid in dem Nachwort der deutschsprachigen Ausgabe (Berlin 1989) schreibt.

Ich habe meine Zeitgenossen des Moralismus (die Liberalen) und des Ästhetizismus (die Katholiken) bezichtigt, wobei beide, Mora-

lismus und Ästhetizismus, von einer unwandelbaren (Italien, man stelle sich vor!), definitiven, konzentrischen Welt ausgehen, in der nur eine einzige Kultur wirkliche Bedeutung hat: die der herrschenden Klasse, der die Literaten kläglich angehören, ob sie nun Anarchisten oder Sklaven, verängstigt oder Chauvinisten, Konformisten oder Bohemiens, aufgeschlossen (die antifaschistischen Liberalen) oder engstirnig (die ästhetisierenden Katholiken), auch sie Antifaschisten sind.

Jetzt entsteht gerade ein neuer Typ von Kritik: der vom Neokapitalismus für die konsumierenden Massen vorgesehene, schreibt Pasolini in seinem einleitenden Text *Pasolini über Pasolini*. Es folgen Auseinandersetzungen mit den Werken von Sandro Penna, Danilo Dolci, Carlo Emilio Gadda, Guiseppe Ungaretti, Giorgio Bassani, Elsa Morante, Alberto Moravia, Petrarca, Italo Calvino, García Marquez, Hans Magnus Enzensberger *(Der kurze Sommer der Anarchie),* Ossip Mandelstam und Witold Gombrowicz.

Zwischen polemischer Kritik, genauer Analyse und großer Verehrung beschreibt Pasolini dem Leser seine Lektüren und öffnet so – *mit dem wissenden Herzen* – wieder ein Auditorium der Selbstgefährdung. Das *Für- und Wider-dich-sein* ist auch das Für-und-wider-*sich*-sein. Leidenschaft zuzulassen und zuzugeben ist keine wissenschaftliche Methode. Auch diese Auswahl an Literaturen in *Passione e ideologia* beweist Pasolinis intuitiv sichere Wünschelruten-Technik. Er findet, was er sucht.

1958 erscheint sein Gedichtband *Die Nachtigall der katholischen Kirche.*

> *Ballade des Deliriums*
> *Allein, allein, eine Gestalt aus Wachs,*
> *erstarrt vom alten Strahl*
> *meines einst leichten Lebens…*
> *Und stumm im Herzen die Sprache,*
> *wenn die Abendluft wiederkehrt.*

Mit den Seufzern der Jahre ist es verweht
in leuchtende Horizonte, in Luft,
von Engelszungen durchhaucht –
das Dasein – und streift aufs neue
an die Nüstern meines Leichnams, ein Meer
von Tagen vom Ave zum Angelus.
[...]
Ich bin im stummen Spiegel
ein blauer Fisch, gefroren
im Eis, verloren das Blitzen
im Schrein des ewigen Glases –
der Angstschrei, der zischt
im unbestimmbaren Schoß des Worts,
stößt nicht durch die Fläche
des Spiegels: und streift kaum
nur das Auge des Abbilds,
das lebt...

Unter freiem Himmel

Italien verändert sich radikal, und damit werden auch die Werte in der Demokratie abgewandelt, ausgetauscht oder vernichtet. Die urchristliche Tradition wird durch die Industrialisierung und den Konsumismus verdrängt. Dieser Gedichtband liest sich wie die lyrische Chronik der Entwurzelung Italiens.

Der wachsende Ruhm Pasolinis und gleichzeitig sein Alltag in den Borgate, das Teilnehmen am kulturellen und politischen Diskurs in Italien sowie der eigene innere Kampf zwischen dem Wunsch nach Veränderungen und der *drohenden Leere*, die aus dem *Nachlassen der revolutionären Kraft* droht: Pasolini bleibt seinen Themen treu. Der Dichter beschreibt die Vergangenheit in der Gegenwart, die bedrohlichen politischen Entwicklungen, aber auch die eigenen Ängste und Hoffnungen. Der Romancier erzählt vom Leben der Heranwachsenden zwischen Aufbegehren und Scheitern, und der Essayist widmet sich der Literatur und Politik, der Beschreibung der wachsenden Macht des Kapitalismus oder Neokapitalismus und einer schwächer werdenden Opposition, den Veränderungen des Bewusstseins, aber immer auch der Veränderbarkeit in der Gesellschaft. Er sucht nach Alternativen. Anfang der sechziger Jahre entdeckt er sein neues Medium, den Film.

IV

ICH BIN EINE KRAFT
DER VERGANGENHEIT

In Pasolinis Rom-Erzählungen und dem Erzählband *Alí mit den blauen Augen* (1965) finden wir Texte, die sich wie Vorstudien zu seinen ersten Filmen lesen:

Vorbemerkung

[...]
Ninetto ist ein Bote,
und wenn er (mit einem Zuckerlächeln,
das aus seinem ganzen Wesen strömt,
wie bei einem Muselmann oder Hindu)
die Schüchternheit besiegt,
tritt er auf wie in einem Areopag,
um von den Persern zu sprechen.

Die Perser, sagt er, drängen sich an den Grenzen.
doch Millionen und Abermillionen von ihnen sind schon gewaltlos
eingewandert,
sind hier, an der Endhaltestelle der Straßenbahnlinien 12, 13, 409.
Und was für schöne Perser!
Gott hat sie nur skizziert, in der Jugend,
wie die Muselmanen oder die Hindus:
Sie haben die gerungenen Backenknochen, die gequetschten
die langen Wimpern, die gekräuselten Haare.   *[Stupsnasen*

Ihr Anführer heißt:
Alí mit den blauen Augen.

Alí mit den blauen Augen

Alí mit den blauen Augen ist zudem der Protagonist des Gedichtes *Prophezeiung* (erschienen bereits in *Poesia in forma di rosa*, 1964), ein siebenseitiges, siebenstrophiges Gedicht, dessen Text Pasolini in der Form von sieben Kreuzen setzen lässt.

Ninetto, der Bote, ist Ninetto Davoli. Er wird zu einem der Protagonisten der ersten Filme Pasolinis, einer seiner Laiendarsteller, die er auf den Straßen Roms kennenlernt. Die *Vorbemerkung* beschreibt Ninettos spätere Rolle als Bote im Film *Teorema* (1968).

Alí ist für Pasolini einer der *vielen Söhne der Söhne, die aus der Dritten Welt nach Europa* wollen und Ninetto ein *Perser der römischen Peripherie*. Diese Boten – Pasolini gibt Ninettos Rolle in *Teorema* den Namen Angelo, also Engel – verheißen eine mögliche Zukunft, in der das Fremde die Bereicherung des andere Kulturen vernichtenden Kapitalismus bedeuten kann. Der Aufbruch der Boten aus einer anderen Welt kann auch zum Aufbruch aus der eigenen Erstarrung, der vermeintlichen Unveränderbarkeit und der Lüge der Alternativlosigkeit werden.

Exemplarisch hat Chaplin in »Moderne Zeiten« eine Entmythisierung des »homo technologicus« vollzogen, indem er sich ihm in der anscheinend allein möglichen Weise entgegenstellt in der Eigenschaft als Überlebender einer vorindustriellen Menschheit. In die Fabrik eingetreten, widerspricht Charlie der Technik (nimmt sie folglich in seine sprachlich exzessive Welt hinein), insofern er, der aus einer anderen Kultur übrig geblieben ist und sich ihre Gewohnheiten bewahrt hat, auf verrückte und komische Weise die Ausdruckslosigkeit der technischen Welt deutlich macht.
Zur freien indirekten Rede.
In: Ketzererfahrungen

Pasolinis erste Filme *Accattone* (1961) und *Mamma Roma* (1962) kennen eine solche Komik noch nicht. Hier bevölkern seine Protagonisten die neue, verlorene Welt zwischen Land, Vorstadt und Innenstadt, ein Niemandsland der Verlierer.

Dort, auf einem Stück dunkler Erde, sieht er nur einen kleinen Alten, ganz weißhaarig, der gerade anfängt, eine Grube auszuheben. Accattone nähert sich ihm ängstlich, und der kleine Alte sieht ihn wohlwollend an: Da setzt sich Accattone neben ihn.

Accattone: »Sie, Meister, warum graben Sies mir nicht n bisschen weiter da drüben? Sehn Sie nich, dass sie hier ganz schwarz is, die Erde?«

Der Alte, unverändert geduldig und wohlwollend, blickt ein bisschen weiter nach drüben, und tatsächlich, gleich hinter der Grube breitet sich ein wundervolles weites Tal aus, durchflutet von einem strahlenden, unermesslichen Licht, das im Blau eines stillen duftenden Sommers verdunstet.

Accattone: »Graben Sies mir da drüben... bloß ein kleines bisschen weiter weg... bitte, Herr Meister...«

Der Alte betrachtet ihn seufzend und lächelt.

Alter: »Na gut!«

Und er beginnt, etwas weiter drüben zu graben, im Licht des hellen Tals.
Accattone

Das Problem ist, dass Mamma Roma nicht einmal im Traum auf so außergewöhnliche Personen trifft: Man hätte sonst sagen können, die Person, die aus dem Dröhnen des Motorrads hervortrat, sei ein Engel gewesen: einer jener mit Schwert und Trompete bewaffneter Erzengel, die man oben auf den Fassaden von Kirchen sieht. Aber es war kein Engel, denn nach und nach legte er seine ganze Rüstung ab, und ebenso die Flügel: und was zurückblieb, war ein ganz gewöhnlicher Mensch, eins achtzig groß oder noch größer, mit einem blonden Haarschopf.

Mamma Roma erkannte sie.

Mamma Roma: »Iiiih, aber Gioia, das bist ja du!«

[...]

Gioia: »Ach, bin ich müde, Mamma Ro, ich bin todmüde!«
Mamma Roma

Mit *Accattone* und *Mamma Roma* schreibt Pasolini filmisch seine Romane fort: Er sucht Laiendarsteller und inszeniert sie in ihrer Sprache und ihren Geschichten. Accattone lebt mit seinen arbeitslosen Freunden in einem der Armenviertel von Rom. Sie sind wie er (Accattone = Bettler) Gelegenheitsdiebe, die zu Hause Frau und Kinder haben und sehen müssen, wie sie von Tag zu Tag überleben. Für Accattone arbeitet Maddalena, die Hure. Es kommt zu Gewalt und Gegengewalt. Er lernt Stella kennen, ein Mädchen, das Arbeit sucht. Aber auch sie muss für ihn anschaffen. Stellas Mutter war Prostituierte, doch sie möchte sich nicht prostituieren. Accattone will sein Leben verändern und findet schließlich eine Arbeit, wo er aber nur brutal ausgebeutet wird. Am Ende wird er bei einem Diebeszug erwischt, Accattone stirbt.

Dieser erste Film Pasolinis ist ein Skandal, überhöht der Regisseur doch seine Protagonisten, Diebe und Zuhälter, mit dem Einsatz von Musik (Bachs »Matthäus-Passion«) zu Christusfiguren an den Originalschauplätzen des Elends. Damit bricht er mit dem Neorealismus Italiens und erfindet eine neue Filmsprache.

In *Mamma Roma* spielt Anna Magnani die Titelrolle, die einzige Schauspielerin am Set. Alle anderen Darsteller sind Laien.

Mamma Roma, die Hure, will für ihren Sohn Ettore eine bessere Zukunft und scheitert. Er soll Handwerker werden oder Kellner. Doch Ettore landet wie zwangsläufig auf der Straße, wo seine Mutter auf den Strich geht und er zum Dieb wird. Im Gefängnis schnallt man ihn auf eine »Besserungsbank«, und Ettore stirbt.

Dass Pasolini Anna Magnani im Nachhinein als »Fehlbesetzung« bezeichnet hat, weil sie das Kleinbürgertum spielt, zeigt nicht nur Pasolinis ungebrochenes Engagement für das »sottoproletariato«, das Subproletariat. Er will Authenzität. In beiden ersten Filmen inszeniert er Perspektiven, die er Bildern von Masaccio, Giotto oder Mantegna entnimmt. Hier nutzt er seine Kenntnisse aus dem Studium der Kunstgeschichte bei Roberto Longhi und überträgt seine Bildvorstellungen aus der Malerei in die Filme.

Ettores Tod wird durch den Einsatz der Musik von Vivaldi zu einer Opferung über diese Geschichte hinaus stilisiert: Rom

(Mamma Roma) verliert seine Jugend jenseits der Paläste und Kuppeln.

Mit den ersten Filmen findet der streitbare, umstrittene und inzwischen auch international bekannte Schriftsteller das große Publikum. Aber mit der wachsenden Bekanntheit mehren sich auch die öffentlichen Anfeindungen und Prozesse gegen seine Werke und seine Person.

Pasolini steht sein Berufsleben lang immer wieder vor Gericht. Die meisten Prozesse dauern Jahre. Pasolini wird freigesprochen. Manche seiner Werke werden für längere Zeit beschlagnahmt. Hier nur einige Beispiele:

Nachdem sein Bruder Guido als Widerständler von Partisanen erschossen worden ist, muss Pasolini zwischen 1947 und 1953 mehrere Male vor Gericht aussagen.

1949 wird er in Casarsa durch die Christdemokraten wegen »Verführung Minderjähriger« angezeigt. Der betreffende Junge und auch die Eltern stellen keinen Strafantrag. Die KPI schließt Pasolini wegen »moralischer Unwürdigkeit« aus der Partei aus.

1955 veranlasst der italienische Ministerpräsident eine Anzeige gegen Pasolini wegen »Verbreitung unzüchtiger Schriften«. Es geht um seinen Roman *Ragazzi di vita*.

1959 veröffentlicht Pasolini einen Beitrag über die Strände Süditaliens, woraufhin eine Stadt in Kalabrien ihn wegen »übler Nachrede und Diffamierung« anzeigt.

1960 wird Pasolini festgenommen, er soll eine Straftat »begünstigt« haben. Es folgt eine Anzeige.

Im selben Jahr wird er erneut wegen »Verführung Minderjähriger« angezeigt.

Pasolini wird als Drehbuchautor von »Una giornata balorda« wegen »Pornografie« mit angezeigt.

1961 zeigt ihn ein Tankwart wegen Raubüberfalls an. Der Prozess dauert acht Jahre.

1962 zeigt ihn ein christdemokratischer Abgeordneter wegen »Diffamierung seiner Person« im Film *Accattone* an.

Im selben Jahr folgt die Anzeige eines Carabinieri wegen »Pornografie« in *Mamma Roma*.

Bei der Erstaufführung von *Mamma Roma* wird Pasolini von Faschisten tätlich angegriffenen.

Pasolini wird im selben Jahr wegen »Blasphemie« in seinem Film *Der Weichkäse* angezeigt.

1964 wird er nach einer Diskussionsveranstaltung von Faschisten tätlich angegriffen. Er stellt keine Anzeige.

1965 erstattet der Tankwart erneut Anzeige gegen Pasolini, dieses Mal wegen »übler Nachrede«.

1968 erfolgt eine Anzeige wegen »Hausfriedensbruchs«.

Ebenfalls 1968 wird Pasolinis Film *Teorema* wegen »Blasphemie« beschlagnahmt.

1969 verklagt ein Bauer Pasolini wegen *Der Schweinestall*. In diesem Film hätten Hunde mitgewirkt, die seine Schafe gerissen haben sollen.

1971 wird Pasolini als Journalist wegen »Aufrufs zur Missachtung von Gesetzen und antinationaler Propaganda« angezeigt.

Nach 1971 wird Pasolini mehrfach wegen »Obszönität, Schamlosigkeit und jedem anderen Delikt« in seinem Film *Decamerone* angezeigt.

1972: Anzeige wegen »Pornografie« in *Canterbury Tales*. Bevor Pasolinis Film *Geschichten aus 1001 Nacht* überhaupt in die Kinos kommt, erstattet eine Frau Anzeige dagegen.

Nach der Ermordung Pasolinis folgen Prozesse wegen *Salò oder die 120 Tage von Sodom*.

Um vierzig herum wurde ich gewahr, dass ich mich in einem sehr dunklen Moment meines Lebens befand. Was immer ich auch tat, der »Wald« der Realität von 1963, dem Jahr, in dem ich angelangt war, in absurder Weise unvorbereitet auf jenen Ausschluss aus dem

Leben der anderen, das die Wiederholung des eigenen ist, barg ein Gefühl von Dunkelheit. Ich würde nicht sagen, von Ekel oder von Angst, nein, es gab, um die Wahrheit zu sagen, in jener Dunkelheit sogar etwas schrecklich Leuchtendes: das Licht der alten Wahrheit, wenn wir so wollen, jener Wahrheit, vor der es nichts mehr zu sagen gibt. Dunkelheit gleich Licht. […]

In dem *photographischen Gedicht,* wie Pasolini sein Buch *Barbarische Erinnerungen. La Divina mimesis* (Berlin 1983) nennt, bietet er seinen Feinden an, ihn nach der Lektüre noch mehr zu *verachten.* Von Text zu Text irrt der Autor durch einen Wald aus Fehlern: Wer heuchelt mehr, der Politiker, die Kommunistische Partei oder derjenige, der sie kritisiert?

1963 wurde der Franco-Gegner Julián Grimau hingerichtet und der Abgeordnete der Demokratischen Linken im griechischen Parlament, Grigoris Lambrakis, während einer Kundgebung verletzt und anschließend in einem Polizeiwagen getötet. Natürlich muss Pasolini gegen solche Angriffe auf Dissidenten seinen Protest formulieren.

Der Traum von einer Sache wird öffentlich mit Füßen getreten, und auch in Italien versagt die Kommunistische Partei, die mehr mit sich selbst als mit dem politischen Gegner beschäftigt ist. Ein neuer Konformismus macht sich breit: Ignoranz, Konsum, das noch relativ neue Medium der Verblödung und Macht, das Fernsehen, und die, um es mit Ernst Bloch zu sagen, Lust am Betrogen-Werden durch die Massenkultur, machen es den Gegnern Pasolinis leicht, bereiten zugleich aber auch den Boden für den Protest der 68er Jahre, dem er sich ebenfalls kritisch entgegenstellen wird.

Stracci: »Jeder hat seine Berufung. Meine wird halt die sein, zu verhungern.«

In einem für Pasolini typischen Drehort zwischen der alten

und neuen Via Appia lässt ein Regisseur (gespielt von Orson Welles) den Tod von Christus verfilmen. Neben prominenten Schauspielern gibt es in diesem Film im Film auch Komparsen, so den armen Stracci (Lumpen), der Hunger hat und seiner Familie etwas zu essen organisieren soll. Er stiehlt vom Buffet der Prominenten einen Ricotta (Weichkäse), und am Ende stirbt er, da er zu viel gegessen hat, neben dem Christusdarsteller am Kreuz.

La ricotta (1962) reflektiert die Lügen der Zeit und ihre gängige Ikonografie. Komisch und traurig, grotesk und blasphemisch greift Pasolini die verlogene Moral von Kirche und Gesellschaft an und wird wegen »Diffamierung der Religion« zu vier Monaten Gefängnis auf Bewährung verurteilt. Spätestens ab jetzt lebt er unter einem unvorstellbaren Druck aus Anfeindungen, Verleumdungen, Drohungen, Hetzkampagnen der Medien und den Prozessen vor Gericht.

»La rabbia« ist ein seltsamer Film, weil er vollständig aus Dokumentarmaterial besteht. Ich habe nicht eine Einstellung aufgenommen. Hauptsächlich sind es Stücke aus Wochenschauen, deshalb ist das Material fürchterlich banal und völlig reaktionär. Ich habe ein paar Sequenzen aus Wochenschauen der späten fünfziger Jahre ausgewählt und habe sie auf meine Art zusammengefügt – sie haben hauptsächlich mit dem Algerienkrieg, dem Papst Johannes XXIII. zu tun; und es gibt ein paar kleinere Episoden, wie die Rückkehr italienischer Kriegsgefangener aus Russland. Mein Kriterium war sozusagen, die Gesellschaft meiner Zeit und was in ihr passierte von einem marxistischen Standpunkt aus anzuklagen. Ich habe ein bisschen Poesie nur dafür geschrieben und sie wird von Giorgio Bassani, der Orson Welles in »La Ricotta« synchronisierte, gesprochen und von dem Maler Renato Guttuso. Das beste […] und das einzige, was es wert wäre, es zu erhalten, ist die Sequenz, die dem Tod Marilyn Monroes gewidmet ist.

Pasolini in einem Gespräch mit Oswald Stack 1969

Das bisschen Poesie von *La rabbia* (1963) ist ein großes filmisches Gedicht, gerade in dem Kontrast aus Dokument und lyrischem Kommentar. Wieder versucht Pasolini, die Geschichte zurückzugewinnen. Orson Welles lässt er in *La ricotta* sagen: *Ich bin eine Kraft der Vergangenheit.*

Ist *La ricotta* ein kleines komisches Meisterwerk des ansonsten so ernsten Pasolini, wird *La rabbia* eine Hommage an die Opfer von Krieg und Kapital. Besonders anrührend ist die Sequenz des Todes von Marilyn Monroe. Ihr, einer Ikone und Projektionsfläche, widmet er eine filmische Hymne aus Dokumentarmaterial und seinem eigenen, lyrischen Kommentar. Das Opfer Marilyn Monroe wird für Pasolini zur Identifikationsfigur.

ively # V

HÖRT NICHT AUF MICH

Nach dem Film *Das 1. Evangelium – Matthäus* (1964), in dem Pasolini mit Laiendarstellern das Matthäus-Evangelium von Mariä Verkündigung bis zum Tode Christi am Kreuz erzählt und hierfür von den Faschisten wegen der »Beschmutzung einer Quelle des christlichen Abendlandes« beschimpft wird, während in Wirklichkeit der Autor und Regisseur diese Geschichte *erneut heiligen* und *remythisieren* will, nach dieser *religiösen Vorstellung von der Welt* folgt 1965 der Film *Große Vögel – Kleine Vögel*.

Im »Grand Cirque« will Monsieur Courneau mit Hilfe seines Assistenten (Ninetto Davoli) *Die Domestizierung eines Tieres, dem bisher absolut keine menschliche Gewohnheit beizubringen war,* an einem Adler vollziehen, auf dass dieser *binnen eines Monats so wohlerzogen sein wird wie ein Fernsehsprecher!* Vaterland, Wissenschaft und Technik und schließlich die Vernunft seien ihm zu vermitteln und nicht die Religion – die, laut Monsieur Courneau, *brauchen wir nicht mehr!* Sämtliche *pädagogische Annäherungen* fruchten nicht. Der Dompteur weiß: *Alle Menschen auf dieser Welt sind Konkurrenten. Um als Sieger aus der Konkurrenz hervorzugehen, muss man seine Gegner beseitigen. Die beste Waffe, die wir besitzen, um unsere Gegner zu beseitigen, ist die Moral. Mit Hilfe der Moral hat der Wolf das Lamm getötet. Und außerdem, wer als Sieger aus der Konkurrenz hervorgeht, ist immer im Recht. Machiavelli sagt: Der Sieger empfindet nie Scham, auf welche Weise auch immer er gesiegt hat.* Dem entgegnet Ninetto: *Selig sind die Gebildeten, denn ihnen gehört die Republik. Selig sind die Sanftmütigen, denn sie werden schnell eine Anstellung finden. Selig sind die Leidenden, denn sie werden sich psychoanalytisch behandeln lassen. Selig sind die Barmherzigen, denn sie können es sich leisten [...] Selig sind die Stummen, weil sie nix reden.*

Doch der Adler kann oder will nicht. Erst als Ninetto ihn um etwas Mitleid für den verzweifelten Dompteur bittet, sagt dieser: *Wollt ihr wirklich wissen, was ich tue? Ich bete!*

Im zweiten Teil des Filmes wollen Bruder Ciccilli (Totò) und Bruder Ninetto den Kampf zwischen den Falken und den Spatzen befrieden. Doch eigentlich plagen die beiden Wanderer eher irdische Probleme und Gelüste. Ihr Lehrauftrag geht schließlich schief, die *Klasse der Falken* wird sich nie mit der *Klasse der Spatzen* vertragen, denn *Falken sind Falken und Spatzen sind Spatzen… Nix zu machen, so is die Welt.* Die Fronten bleiben, wie sie sind.

Im dritten Teil von *Große Vögel – Kleine Vögel* laufen Totò und Ninetto als Vater und Sohn durch Stadtlandschaften, beide wieder oder immer noch arm und hungrig. Ihnen begegnen Figuren wie aus *Accattone* oder *Mamma Roma*, junge Menschen, denen es genauso wie ihnen geht, die sich aber nie auf den Weg machen. Schließlich gesellt sich ein sprechender Rabe zu den beiden und wird ihr Begleiter: *Ach, ich komme von weit her… Ich bin ein Fremder… Meine Heimat heißt Ideologie, ich lebe in der Kapitale, der Stadt der Zukunft, in der Karl-Marx-Straße auf Nummer tausend und nicht mehr tausend.*

Er erklärt ihnen den Kapitalismus und Konsumismus: *Wer dasselbe redet, kauft dasselbe. Wenn also alle auf ein und dieselbe Weise reden, kaufen sie auch dieselben Kleider, dieselben Fahrzeuge etc. Und endlich wird es möglich sein, alles serienmäßig zu produzieren.* Die Hoffnung auf den Widerstand der Arbeiterklasse hat der Rabe aufgegeben, klug wie er ist: *Aber die Arbeiter schlafen und produzieren wie im Traum… Und die Ninettos konsumieren… Waren ohne Seele… die ganz langsam auch denen die Seele wegnehmen werden, die noch eine haben.*

Er beklagt: *Das Leben hat seine Farben! Die Farbe der Dürre, die Farbe der Gemeinheit […] Und früher gab es mal ein schönes Rot… Ach, Bürgertum, du hast die ganze Welt zu deinem Ebenbild gemacht; das bedeutet das Ende der Welt; aber das Ende der Welt wird auch dein Ende sein!*

Auf dem Weg durch die Villengegend mit Namen *Neureich* in die Peripherie verputzen schließlich die ausgehungerten Gefährten Totò und Ninetto den Raben mit den Worten: *Die Lehrmeister sind dazu da, in scharfer Soße gegessen zu werden.*

Der Rabe weiß alles über die Krise des Marxismus und über den die Geschichte zerstörenden Kapitalismus. Und die Banalität der Kriegspsychologie aus dem Schnabel dieses klugen Vogels klingt besonders überzeugend: *Wir haben Krieg! Wegen eines Taschentuchs am Boden [...] Nur wer im Recht ist, wird verprügelt. Ich würde sogar so weit gehen, zu behaupten, dass ein Volk, das das Land eines anderen Volkes erobert hat, nur deshalb mordet und tötet, weil es im Unrecht ist: Aber auch wenn das unterdrückte Volk sich auflehnt und seine Sizilianische Vesper veranstaltet, tötet und mordet es, weil es zuvor das Unrecht begangen hat, sich töten und morden zu lassen! [...] Wie Gandhi hättet ihr euch verhalten sollen! Euer Taschentuch hättet ihr nehmen sollen, still und brav, eure Kacke hineinlegen und sie wegtragen! Wie ein Trottel wäre der Eigentümer auf seinem Besitz gestanden! Und ihr hättet in einem einzigen Akt der Sanftmut die kommunistische Revolution und das Evangelium in Einklang gebracht!*

In seinem Nachwort zur Buchausgabe *Große Vögel – Kleine Vögel* (Berlin 1992) verweist der Soziologe Peter Kammerer auf die Krise des Marxismus nach der die Verbrechen Stalins benennenden Rede Chruschtschows. *Große Vögel – Kleine Vögel* schließe eine Epoche ab und eröffne eine neue wie *Gramscis Asche*. Und das mit einem für Pasolini eher untypischen großen Maß an Humor. »Der Glaube an diese Möglichkeit und die Kraft, unschuldig durch die *Unendlichkeit der Geschichte* zu wandern, sind für ihn *Religion*. Der Abschied soll *heiter und leicht wie das Motiv der ›Zauberflöte‹ oder wie der Hunger in einem Film von Charlie Chaplin, in dem der Hungernde seine Schnürsenkel kocht und als Spaghetti verspeist*, sein.«

Schon in diesem Nachwort sieht Kammerer in Pasolinis Methode der Regression Parallelen zu Texten von Franz Kafka: Der fatalen Menschwerdung des Affen im »Bericht an eine

Akademie« steht die Verweigerung des Adlers entgegen, sich beherrschen zu lassen. Dagegen entspricht Kafkas kurzer Text »Wunsch, Indianer zu werden« Pasolinis poetologischer Regression: »Wenn man doch ein Indianer wäre, gleich bereit, und auf dem rennenden Pferde, schief in der Luft, immer wieder kurz erzitterte über dem zitternden Boden, bis man die Sporen ließ, denn es gab keine Sporen, bis man die Zügel wegwarf, denn es gab keine Zügel, und kaum das Land vor sich als glattgemähte Heide sah, schon ohne Pferdehals und Pferdekopf.«

Das indianische Bewusstsein ist ein traumhaftes und entspricht dem des Dichters. Wie ein Kind sieht er mittels dieses archaischen Bewusstseins die Umwelt bildhaft. Hier liegt auch die Verbindung zu Rimbaud. Wie Rimbaud erkennt er hinter dem Abbild das Geheiligte. Hier kann Pasolini seinen Traum vom Leben bewahren.

Peter Kammerer beschließt sein Nachwort mit den Worten: »Von nun an ist Pasolini in die politische und marxistische Diskussion nur noch als Skandal integrierbar. Ohne ein Feuer, das zu hüten, und ohne eine Hoffnung, die zu teilen wäre, verzehrt und ›aufgehoben‹ von denen, denen er Weggenosse war, und die auf ihrer Straße weiterziehen, wirft er sich in eine neue häretische Empirie, in das Chaos der Entdecker und in die Einsamkeit der Freibeuter. *Uccelacci e uccellini [Große Vögel – Kleine Vögel]* ist das große Werk dieser Wende.«

»Wohin die Menschheit geht? Wer weiß das!« Mit diesem Mao-Zitat beginnt Pasolinis Film über diese philosophische Wanderschaft. In den fünfziger und sechziger Jahren erlebt das Land einen gewaltigen Umbruch: Das agrarische Italien verschwindet, damit auch die agrarische Kultur und ihre Sprachen, und die Industrialisierung beginnt. Arbeiter aus dem Süden müssen ihre Heimat verlassen und in den gehassten Norden oder als Gastarbeiter ins Ausland ziehen. Das Subproletariat wird an die Ränder der Großstädte gedrängt, wo unter den Zwängen der

Armut eine eigene Welt mit ihrer eigenen Sprache entsteht, bis auch dieses verschwindet. Und die Arbeiterschaft mutiert zum Kleinbürgertum, und deren Bewusstsein verschwindet.

Natürlich kommt uns heute manches in dem so vielfältigen, die Widersprüche, Brüche und Irrtümer nie scheuenden Werk Pasolinis, künstlerisch schwächer und manchmal auch etwas lehrerhaft vor. Aber – wie Peter Kammerer schreibt – Pasolini ist ab jetzt nur noch »als Skandal integrierbar«.

Pasolini schreibt von 1960 bis 1965 für die KPI-Wochenschrift »Vie Nuove« eine Kolumne, aus der er schließlich *Dialoge mit den Lesern* macht: Jeder kann ihm schreiben, ihn angreifen oder befragen, und Pasolini antwortet Woche für Woche. So entsteht eine unvergleichliche politische Diskussion quer durch die Themen der italienischen Gesellschaft, Gegenwart und Geschichte, die Pasolini, inzwischen ein international bekannter Filmemacher, auch bei denen bekannt und streitbar macht, die nicht ins Kino gehen oder Literatur lesen. Einerseits wird er der *Hofnarr der Bourgeoisie,* wie er sich selber nennt, andererseits ein unermüdlicher Polemiker auch gegen das eigene politische Lager.

Im Jahr der Studentenunruhen 1968 publiziert Pasolini das viel diskutierte Gedicht *Die KPI an die Jugend,* und sein neuer Film *Teorema*, ein cineastisches Meisterwerk, kommt in die Kinos.

Aber, o weh, was rede ich euch da ein? Was
rate ich euch? Wozu will ich euch antreiben?
ich bereue es, ich bereue!
Ich habe den Weg des kleineren Übels gewählt,
Gott möge mich verfluchen. Hört nicht auf mich.
O weh, o weh, o weh,
als erpresster Erpresser wollte ich
in die Trompete des gesunden Menschenverstandes blasen!

Die KPI an die Jugend. In: Das Herz der Vernunft

VI

ENTWEIHUNGEN

Pasolini selbst hat immer beklagt, er lebe in einem Land, das sich brüste, Homosexuelle zu tolerieren. Er selber sah seine Homosexualität als eine Art naturgegebenes Schicksal an. Er wollte nicht toleriert werden, solche Toleranz sei schon Ausdruck des latenten Rassismus. Er blieb ein Dissident. Er wusste viel über die Verbindung der gefühlt ewigen christdemokratischen Regierung zur Mafia, die Korruptionsfälle, die Zerstörung des eigenen Landes durch die Herrschenden und ihren Kolonialismus und klagte die Täter in seinen *Freibeuterschriften* und *Lutherbriefen* an. Er sprach vom *anthropologischen Völkermord* an der Jugend und damit an der Zukunft und Geschichte Italiens.

Schon früh fühlt er sich als »Fremder«. Fremd bleibt ihm sein faschistischer, gewalttätiger und schließlich psychisch kranker Vater, eine Verbindung, die in seinen späteren Theaterstücken, wie *Affabulazione oder der Königsmord,* großen Einfluss auf sein Schreiben hat. Fremd muss ihm die zu große Nähe zur Mutter bleiben. Und er lebt offen als Homosexueller, leidet aber unter dem Anderssein. Aus dem Fremden in Friaul wird derjenige, der sich die Sprache aneignet und sie als Material für seine frühe Lyrik nutzt.

Seine Jugend scheint glücklich zu verlaufen. Die Armut spielt keine Rolle unter den Jugendlichen, und das Leben draußen in der Natur Norditaliens scheint idyllisch. Doch die zwangskatholische Moral und Bigotterie verfolgen den Nicht-Kirchengänger Pasolini bis an das Ende seines Lebens.

Als Gianfranco Contini seine friulanische Lyrik bespricht, schreibt er, »welchen Skandal er in die Annalen der Dialektliteratur einführt«. Pasolini wertet diese Lyrik und Literatur auf und führt sie tatsächlich in den nationalen Kanon.

Der nächste Skandal folgt: Ein Pfarrer bricht sein Beichtgeheimnis und gibt die Anschuldigung preis, Pasolini habe einen Minderjährigen verführt. Der beliebte junge Lehrer, der mit seinen Schülern sogleich die Werke der großen Dichter Italiens liest, wie auch die Bücher Edgar Lee Masters oder Anton Tschechows, ist inzwischen in die KPI eingetreten, schreibt Artikel, beginnt zu malen und zu zeichnen, publiziert Prosa, arbeitet im lokalen Filmclub, gründet seine Akademie für friulanische Dichtung und sieht sich jetzt 1949 der ersten Anzeige gegenüber.

In Rom ist er wieder ein Fremder, wieder erlernt er eine neue Sprache und führt sie in den Kanon der Literatur ein. Fremd ist ihm die Großstadt und der Wandel des eigenen Landes. Immer wieder spricht und schreibt er über die »Sünde« als Qual, aber auch Ausdruck einer neuen Freiheit. Und immer häufiger taucht dieses Wort »Skandal« in seinen Texten auf, letztlich in *Gramscis Asche* auf den Punkt gebracht: *Der Skandal meines Widerspruches, mit dir/und gegen dich zu sein; mit dir im Herzen/im Licht, gegen dich im dunklen Schoße...*

Er entdeckt das *afrikanische Rom,* und er wird später Afrika als Kontinent der politischen Idee benennen, wo die Armen und Entrechteten aufbegehren und eine andere Art von Gesellschaft, eine Alternative zum Kapitalismus aufbauen könnten. Visionär liest sich sein Gedicht *Prophezeiung,* in dem Alí diese Flüchtlinge auf dem Weg über das Meer nach Europa beschreibt.

Die Hassliebe zum Vater, der nach seiner Kriegsgefangenschaft zu seiner Frau und seinem Sohn nach Rom zieht, wird immer schwieriger, da dessen Wahnvorstellungen Pasolinis Mutter mehr und mehr quälen. Carlo Alberto Pasolini ist zwar stolz auf seinen immer bekannter werdenden Sohn, lehnt aber dessen Sexualität absolut ab.

Und wieder entdeckt Pier Paolo Pasolini eine neue Welt und macht sie sich zu eigen: den Film. Und wieder formuliert er eine ganz eigene Sprache wie in seinen Rom-Romanen. Schließlich werden seine Bücher und Filme durch Presse und Index zum Skandal, und der Schriftsteller und Regisseur wird beschimpft und angeklagt. Pasolini aber weiß:

Du wusstest es, sündigen heißt nicht, das Böse zu tun: Nicht das Gute tun, das heißt sündigen... An einen Papst

1958 stirbt der Vater. Pasolini lebt bis zu seinem Tod mit seiner Mutter Susanna zusammen. Tags arbeitet er an seinen Büchern, Kolumnen und Filmen. Er gibt Interviews, fährt zu internationalen Filmfestivals und bekommt Preise. Abends trifft er seine Freunde, wie Alberto Moravia und Elsa Morante, und nachts begibt er sich auf die Suche nach einem Jugendlichen. Der frühe Nachmittag, die Zeit zwischen den Zeiten, ist seine produktive Schreibphase Tag für Tag.

Er wird zum ersten Medienprofi, weiß er doch die Negativpresse und Anfeindungen auch für seine wachsende Öffentlichkeit und Einflussnahme zu nutzen. Er fordert eine neue Moral in der Politik, der Gesellschaft und Kultur. Dabei wird die italienische Linke ihm immer fremder und er ihr. In seiner *Polemik in Versen* schreibt er: *Du hast gewollt, dass dein Leben ein Kampf/ sei. Und da ist es nun auf den toten/Gleisen, da hängen die roten/ Fahnen ohne Wind herab...*

Die roten Fahnen ohne Wind erinnern an »Die große Flaute der Antillen«, eine Erzählung von Italo Calvino. Bei Calvino sitzt die Parteispitze der KPI auf einem Piratenschiff und will spanische Galeonen entern, aber die Flaute bedeutet Stillstand. Pasolini fordert die Kommunistische Partei auf, die politische Flaute, den eigenen Irrtum, einzugestehen. Anstatt in Ideologie-Debatten zu verharren, solle die Partei sich direkt um die Menschen kümmern. Er fordert den Aufbruch.

Ende der fünfziger Jahre wird Pasolini immer härter in seinen Anschuldigungen gegen die italienische Politik und die Parteien, aber auch pessimistischer. Sein Biograf Enzo Siciliano schreibt: »Das Opfer wird zum Propheten.«

Ein Prophet war Pasolini nicht, aber vielleicht ein Visionär.

Pasolini schreibt Gedichte über seine Heimat Friaul. In den ersten Filmen *Accattone* und *Mamma Roma* verkörpern Jugendliche das Lebensgefühl wie die jungen Protagonisten in seinen frühen Romanen auf dem Land in Norditalien. Und auch in Rom herrscht die Provinz, wenn es um Zensur und Bigotterie geht. Dass er Außenseiter zu Christusfiguren stilisiert, wird zum Skandal nicht nur für die Kirche, sondern ebenso für die Politik und die immer noch tief katholische italienische Gesellschaft. Mehr und mehr greift er die Fehlentwicklungen seines Landes, das diese unter dem Begriff »Fortschritt« verbucht, an. Und mehr und mehr macht er sich selbst angreifbar.

Italien hat das am meisten analphabetische Volk und die ignoranteste Bourgeoisie von ganz Europa. Der Durchschnittsmensch ist ein gefährlicher Verbrecher, ein Ungeheuer. Er ist Rassist, Kolonialist, verficht die Sklaverei und kümmert sich ansonsten nur um sich, lässt Pasolini Orson Welles in *La Ricotta* sagen.

Pasolini über sich selbst: *Nichts anderes scheint die Welt für mich zu sein als ein Ensemble von Vätern und Müttern, denen gegenüber ich einen Impuls vollständiger Hingabe verspüre; diese besteht aus Respekt und Verehrung sowie aus dem Bedürfnis, diese Verehrung durch Entweihungen – auch durch gewaltsame und skandalöse zu verletzen.* Zitiert nach Enzo Siciliano: Pasolini

Zwischen Zweifeln und Widerspruch sieht er sich als eine *Kraft der Vergangenheit,* eine Art Don Quijote. Er reist nach Indien, in den Sudan, nach Ghana, Guinea, Israel und Jordanien. Er sucht andere Kulturen und gesellschaftliche Lebensformen, die die eigenen Wurzeln nicht vernichten und eine Alternative für die Fehlentwicklungen bedeuten können. Weitere Filme und Bücher folgen, sowie weitere Anklagen.

VII

MEIN SCHREI

*Schade. Die Polemik gegen
die KPI war in der ersten Hälfte
des letzten Jahrzehnts fällig. Ihr kommt zu spät, Kinder.
Und es ändert nichts, wenn ihr damals noch nicht
[geboren wart.
[...]
Ihr habt Gesichter von Vatersöhnchen.
Die rechte Art schlägt immer durch.
[...]
Als ihr euch gestern in Valle Giulia geprügelt habt
mit den Polizisten,
hielt ich es mit den Polizisten!*
Die KPI an die Jugend. In: Das Herz der Vernunft

Pasolini nimmt nach einer Studentendemonstration, bei der es zu Ausschreitungen zwischen Demonstranten und Polizei kommt, Partei für die Polizisten: 1968 ein Skandal.

Nach Togliattis Tod entsteht das Mitte-Links-Bündnis gegen die ewige rechte Alleinherrschaft mit neuen politischen Hoffnungen. Aber Pasolini hatte gelernt, »nie auf der Seite der Sieger stehen zu können« oder zu müssen (Giorgio Galli).

Als im Dezember 1968 Polizisten während einer Auseinandersetzung zwei Hilfsarbeiter erschießen, fragt Pasolini: *Ich bin mir nicht sicher, wer in diesem Zusammenhang unglücklicher war, die beiden Toten oder die beiden Polizisten? [...] 1. Sizilianer zu sein, heißt, einer präindustriellen und prähistorischen Region anzugehören; 2. Hilfsarbeiter zu sein, das heißt, der ärmsten aller armen Arbeiterkategorien anzugehören: In beiden Fällen bedeutet dies, ein Mensch zu sein, dessen Körper im Grunde genommen keinen Wert besitzt: [...]*

Pasolini begeht einen Tabubruch: Er differenziert und verurteilt eben nicht pauschal die repressive Macht, also die Polizei, und sympathisiert auch nicht pauschal mit der selbsternannten

Studentenbewegung. Er hingegen sympathisiert bei der Demonstration in Valle Giulia mit den jungen Polizisten, Söhnen armer Leute, meist aus Süditalien, die sich für einen Hungerlohn ausbeuten und verprügeln lassen müssen, um dann auch noch von den »Linken« beschimpft zu werden. Natürlich ist das eine Zuspitzung.

Er sieht die Polizisten als *Zielscheibe eines doppelten Rassenhasses. Die Machthaber können nämlich die Armen – die Besitzlosen dieser Erde – nicht nur einer rassistischen Verachtung aussetzen, sie können sie auch zu Werkzeugen machen, auf die sich dann zusätzlich ein zweiter Hass richtet.*

Die Vatersöhnchen gegen die Söhne von armen Leuten: In seinem langen Gedicht beschreibt er beide sehr genau. Er vereinfacht, um einen innergesellschaftlichen Konflikt deutlich zu machen. Die jungen Carabinieri verlieren ihre Heimat, um sich vom Staat ausbeuten zu lassen und die jungen Studenten sind unfähig, das zu erkennen. Die einen sieht er als Erniedrigte, die anderen als Konformisten. Die Studentinnen und Studenten nennt er *Kinder* und fordert sie auf, die Fabriken und Parteizentralen zu besetzen: *Wenn ihr die Macht wollt, so ergreift wenigstens die Macht in einer Partei, die immerhin noch in der Opposition ist…*

In seinem Text *Warum ich nicht Vater sein will* greift Pasolini das *Hört nicht auf mich* aus seinem Gedicht wieder auf. *Väter wollen ihre Eigenschaft als Vater negieren, um den rechten Söhnen ihre Rechte als Söhne streitig zu machen.* Das Herz der Vernunft

Das klingt neben der gesellschaftlichen Dimension auch autobiografisch. Doch was geschieht, wenn eine Fabrik den Arbeitern geschenkt wird? Pasolini begeht einen weiteren Tabubruch:

Während die 68er die roten Fahnen schwenken und Pasolini wegen seines Tabubruchs als Verräter beschimpfen, kommt sein neuer Film *Teorema* in die Kinos.

Der Film beginnt wie ein Dokumentarfilm in Schwarzweiß: Ein Journalist befragt die Arbeiter: »*Was halten Sie davon, wenn Ihnen der Kapitalist die Fabrik schenkt?*« »*Die Arbeiter werden Kapitalisten, der Kapitalist macht die Revolution unmöglich*«, lautet die Antwort. Dieses Interview nimmt das Ende von *Teorema* vorweg.

Vater, Mutter, Sohn, Tochter und Dienstmädchen leben in einer Villa in Mailand nebeneinander her. Plötzlich bringt ein Bote, Angelino, also Engelchen, gespielt von Ninetto Davoli, ein Telegramm.

Keiner scheint überrascht. Die Kamera fährt auf den Text: *Ankomme morgen*. Niemand wundert sich.

Der Gast trifft ein, ein schöner, junger Mann, gekleidet wie die Gastgeber. Jeder Bewohner der Villa projiziert auf ihn die eigenen unerfüllten Wünsche. So haben alle, die Magd, die Mutter, die Tochter, der Sohn und schließlich auch der Vater, Sex mit dem Fremden. Wieder kommt ein Telegramm, das dieses Mal die Abreise ankündigt. Der Gast verlässt die Villa, wie er gekommen ist.

Die Familie und das Hausmädchen wissen: So, wie sie bislang gelebt haben, können sie nicht weiterleben. Sie müssen sich radikal verändern. Die Magd kehrt aufs Land zurück, wird eine Heilige, lässt sich schließlich lebendig begraben, und aus ihren Tränen entsteht eine Quelle. Die Ehefrau begibt sich auf die Suche nach jungen Männern, die dem Gast ähneln. Die vaterfixierte Tochter erstarrt und kommt in die Klinik. Der Sohn sucht sich in der Stadt eine Wohnung und beginnt, nachdem der Gast ihm Bilder von Francis Bacon gezeigt hat, zu malen. Für den Vater ist der eigene Tabubruch der größte: Er verschenkt die Fabrik, begibt sich zum Mailänder Hauptbahnhof, zieht sich dort nackt aus und geht in die Wüste: *Was mein Schrei auch bedeuten mag, er soll jedes mögliche Ende überdauern.*

Teorema oder die nackten Füße

Bringt dieser Dionysos Glück, oder ist der Weg der Protagonisten trostlos? Eine solche Bewertung wäre bürgerlich. Pasolini wertet eben nicht und lässt jede seiner Figuren ihren Weg gehen.

Am Ende der »Bakchen« des Euripides bringt Dionysos, der Fremde, die Zerstörung der alten Herrschaft. In dem Theaterstück »Straßenecke« von Hans Henny Jahnn wird der Neger James, der an einer Straßenecke in der deutschen Provinz lebt und mit dem jeder etwas hat, umgebracht, weil das System nicht verändert werden soll, da niemand sich verändern will. Die Magd in *Teorema* lässt sich von einem Bagger begraben – wie in Italien die argrarische Kultur. Aus ihren Tränen entsteht eine Quelle. Für Pasolini ist dieses Wunder – wie die Kunst – der mögliche Weg zurück nach vorn: Und vielleicht ist die Kunst der einzige kompromisslose Weg, das einzige heutige Wunder, an das – bei aller Skepsis – auch Pasolini bis zuletzt glaubt.

In den sechziger Jahren veröffentlicht Pasolini neue Gedichtbände, und beinahe jedes Jahr kommt ein neuer Film von ihm in die Kinos. Er widmet sich archaischen Stoffen, wie in *Edipo Re – Bett der Gewalt* (1967) oder *Medea* (1969 mit Maria Callas). Er dreht kleine, komische Episodenfilme, wie *Die Erde vom Mond aus gesehen* (1966) oder *Die Geschichte einer Papierblume* (1968) über Fragen der Schuld. Es entstehen Aufnahmen bei Vorbesichtigungen in Palästina oder einer Reise durch Indien. Pasolini verfasst theoretische Schriften, unzählige Kommentare in Zeitungen und Zeitschriften und übernimmt 1968 eine wöchentliche Rubrik in der Zeitschrift »tempo«.

Mit seiner Mutter zieht er mehrfach um, da er sich nun auch bessere Wohnungen leisten kann. Längst ist er in der Welt der Literatur, aber vor allem des Films, international bekannt. Sein Werk landet regelmäßig auf dem Index. Und die Anfeindungen gegen ihn werden immer heftiger.

Der Schlussmonolog des Vaters in *Teorema,* einem seiner

wichtigsten Filme, spricht auch Pasolini aus dem Herzen. Er glaubt an die archaische Kraft:

> *Was für ein Schrei mein Schrei ist,*
> *kann man nicht sagen: Schrecklich ist er*
> *so dass er mein Gesicht entstellt*
> *und fast zur Fratze eines Tieres macht –,*
> *aber auch auf andre Weise wieder freudig,*
> *so dass er fast zum Kind mich wieder macht.*

Die Regression hin zum Tier und zum Kind klingt hier wie die Rückwärtsbewegung eines Verwundeten.

> *Ein Schrei, der an diesem unbewohnten*
> *Ort verkünden soll, dass ich bin,*
> *oder, dass ich nicht nur bin,*
> *sondern auch weiß.*
> *[…]*

VIII

LASST UNS UMKEHREN

Dante spricht in der »Göttlichen Komödie« vom »Transhumanieren« also vom Überwinden der Menschennatur durch Vergeistigung. In seinem Buch *Trasumanar e organizzar* (1971) macht Pasolini diesen Begriff sich zu eigen und fordert auf, sich politisch zu organisieren: *Die zeitgemäße Entsprechung des TRASUMANAR, ist sie nicht ORGANIZZAR?*

Längst hat er gelernt, die konservativen Medien zu nutzen, um so seine politischen Gegner zu erreichen. Er veröffentlicht Artikel im »Corriere della Sera«. Die Mailänder Tageszeitung bietet ihm exklusiv eine »tribuna aperta« an. Und so entstehen seine auch im Ausland berühmten *Freibeuterschriften*, die 1975 in Italien als Buch erscheinen. Pasolinis Leben und Werk gilt in bestimmten Kreisen als »skandalös«, das heißt, er habe in seinem Privatleben und eben auch in seinem Schaffen Grenzen überschritten und sich nicht an Normen gehalten. Vielleicht ist das gerade der Kern dessen, warum die *Freibeuterschriften* bis heute faszinieren. Was interessiert den Nicht-Italiener an dieser vehementen Kritik der italienischen Verhältnisse der ersten Hälfte der siebziger Jahre?

Die »Sprache« der Haare
Linguistische Analyse eines Werbeslogans
Die erste, wahre Revolution von rechts
Alte und neue Kulturpolitik
Die Intellektuellen 1968: Manichäismus und Orthodoxie der
　　　　　　　　　　　　　　　　　　　　　　[»Revolution über Nacht«
Studie über die anthropologische Revolution in Italien
Enge der Geschichte und Weite der bäuerlichen Welt
Nachtrag zur »Skizze« über die anthropologische Revolution in
Der Faschismus der Antifaschisten　　　　　　　　　　*[Italien*
Die historische kleine Ansprache von Castelgandolfo
Neue historische Perspektiven: Die Kirche wird von den
　　　　　　　　　　　　　　[Herrschenden nicht mehr gebraucht

Der Roman von den Massakern
Der Koitus, die Abtreibung, die Schein-Toleranz der Herrschenden,
Herz   [der Konformismus der Progressiven
Von den Glühwürmchen
Die italienischen Nixons
Sandro Penna: »Un po' di febbre«
Ignazio Buttitta: »Io faccio il poeta«
Die Kirche, der Penis und die Vagina
Das Gefängnis und die Brüderlichkeit der homosexuellen Liebe
Die Homosexuellen
Francesco de Gaetano: »Avventure di guerra e di pace«
Ferdinando Camon: »Letteratura e classi subalterne«
Der Völkermord
Fragment

So liest sich das Inhaltsverzeichnis dieser hier gesammelten Artikel.

Peter Kammerer schreibt in seinem Vorwort zur deutschsprachigen Neuausgabe der *Freibeuterschriften*: »Kein Vers, kein Akt, in dem nicht der Anstoß von außen erkennbar wäre. Und umgekehrt. Kein Vers und kein Akt, der nicht das Leben erhellt: die großen Landschaften zwischen Friaul und dem »afrikanischen« Süden; die vielerlei Lebensweisen der italienischen Bevölkerung; die politischen Hoffnungen und Niederlagen.«

Pasolini stellt sich gegen das »Normale«, und sein »Anderssein« – privat wie gesellschaftlich – führt ihn über jede Grenze hinaus, über jede Grenze der Normalität, hinter der sich das Bürgertum verschanzt und von wo aus es herrscht. *Ich habe jede Norm und jede Grenze überschritten*, zitiert Kammerer Pasolini.

In seinem Roman »Die Besessenen« schreibt der polnische Autor Witold Gombrowicz: »Es gibt keine anderen Ideen als verkörperte. Kein Wort, das nicht Fleisch wäre.« Und in seinem Roman »Pornographie«: »Hier, in dieser steinernen Ewigkeit, der Bauer wurde wieder zum Bauern, der Herr zum Herrn, die Messe zur Messe, der Stein zum Stein, und alles kehrte zu sich selbst zurück.« Seine Figuren bewegen sich zwischen Grenzüberschreitung und Selbstvergewisserung.

Lasst uns umkehren, mit geballter Faust und von vorne anfangen. Ihr werdet dann nicht mehr vor bürgerlichen Mächten stehen, wie jetzt, vor Mächten, die scheinbar für alle Ewigkeit im Sattel sind. Es wird dann nicht mehr darum gehen, zu retten, was noch zu retten ist. Kein Kompromiss. Lasst uns umkehren. Es lebe die Armut. Es lebe der kommunistische Kampf für die lebensnotwendigen Dinge.
La nuova gioventù

Pasolini will der Democrazia Cristiana den Prozess machen und sie aus den Palästen der Macht jagen lassen. Er greift die Unkultur des Fernsehens an und die autoritäre Schulpolitik. Er bezeichnet die Jugend, auf die er all die Jahre die politische Hoffnung gesetzt hat, als konformistischer als ihre Väter. Er beklagt die Diktatur des Konsumismus und prägt den Begriff des *Konsumfaschismus*. Er beschwört die bäuerliche Kultur seines Landes, die endgültig zerstört wurde. Er greift die eigenen Genossen an, die nur noch nach der Macht schielen. Er setzt sich mit der Kirche auseinander, mit dem Papst und mit Themen wie Scheidung und Abtreibung. Natürlich klingt manches für uns heute abwegig oder wie ein Diskurs aus sehr vergangenen Zeiten. Aber die Verve, die Kraft der Überspitzung, Pasolinis Widersprüchlichkeit und eben die ihm eigenen Grenzüberschreitungen, sich nicht auf sicheres Gebiet zurückzuziehen und der Ratio jeden Diskurs zu überlassen, sondern sich auch in die Irrationalität zu wagen, macht bis heute die Kraft der *Freibeuterschriften* aus. Die Zeiten haben sich geändert. Der Glaube, »die Bücher von heute sind die Taten von morgen« (Gerhard Hauptmann), erweist sich als Irrtum. Pasolinis Wunsch, den eigenen Körper *in den Kampf zu werfen,* er selbst als *Person aus Fleisch und Blut,* gibt er an seine

Leser, an sein Publikum, weiter. Das erinnert an Gombrowicz: »Es gibt keine anderen Ideen als verkörperte. Kein Wort, das nicht Fleisch wäre.«

Natürlich macht Pasolini sich damit weiter angreifbar, auch in den eigenen Reihen. Aber er bewahrt sich immerhin den leisen Optimismus, nicht mehr Angst haben zu müssen, *das Heilige nicht genügend zu beschmutzen oder ein Herz zu haben.*

Herz. In: Freibeuterschriften

Pasolini publiziert die *Lutherbriefe* (1973), wiederum eine Sammlung von Artikeln, und dreht seine *Trilogie des Lebens,* von der er später Abstand nehmen wird, da er den in diesen kommerziellen Filmen gefeierten Körper nur noch als dekadent ansehen kann. Er veröffentlicht Lyrik, schreibt an seinem größten Romanprojekt und plant, das Leben des heiligen Paulus zu verfilmen. Das Treatment wurde postum veröffentlicht (*Der heilige Paulus,* Marburg 2007).

Auf der Welt war ein Sohn / und ging eines Tags nach Kalabrien: / Es war Sommer, und leer / waren die Hütten; / neu wie Zuckerhüte / aus Feenmärchen, / kotfarben. Leer...

So beginnt Pasolinis Gedicht *Prophezeiung,* das er Jean-Paul Sartre widmet. In sieben langen Strophen, in der Form von Kreuzen gesetzt, erzählt Pasolini die Geschichte von Alí mit den blauen Augen. Er ist einer der *vielen Söhne der Söhne,* kommt aus der »Dritten Welt« nach Europa und führt uns seine Welt vor Augen. Pasolini, sieht unsere Geschichte am Ende, Alí kann sie wieder befreien. Er könnte uns zur Umkehr bewegen, zu einer Rückbesinnung auf Werte, die nicht der Gewinnmaximierung unterliegen. Schon in seinem Gedicht *An die rote Fahne* aus *La religione del mio tempo* (1961) beschreibt er eine solche Regression:

An die rote Fahne

Für den, der nur deine Farbe kennt, rote Fahne,
für den muss es dich wirklich geben, damit es ihn gibt;
wer von Schorf bedeckt war, ist nun voller Wunden,
der Tagelöhner wird zum Bettler,
der Napoletaner wird Kalabrese, der Kalabrese Afrikaner,
der Analphabet wird zum Büffel oder Hund.
Wer kaum erst deine Farbe erkennt, rote Fahne,
ist dabei, dich nicht mehr zu kennen, nicht einmal zu spüren:
du rühmst dich so vieler Siege für Bürger und Arbeiter –
werde wieder zum Fetzen, auf dass der Ärmste dich schwenke!

In: Unter freiem Himmel

Die Umkehr ist für Pasolini die einzige Möglichkeit, die Geschichte (und die Natur) wiederzugewinnen.

»Der Schritt vom Tier zum Menschen steigert die Schuld, die allem Leben eigen ist«, schreibt Max Horkheimer. Bei Pasolini wird der Analphabet wieder zum Tier. Er appelliert an das archaische, indianische Bewusstsein und will den Traum, einst durch die Ratio als nicht gewinnbringend denunziert, ins Leben zurückholen.

In Günter Kunerts »Die letzten Indianer Europas« beklagt ein Araukaner, Eingeborener eines inzwischen ausgestorbenen Stammes: »Was bei unseren Vorfahren sagbar war, können wir heute nicht mit vielen Worten klarmachen und erläutern. Denn auch unsere Sprache ist mit uns arm geworden, und wir müssen viele Worte gebrauchen, um zu sagen, was unsere Vorfahren mit einem Wort deutlich machten. Was wir fühlen, können wir nicht mehr ausdrücken...«

IX

MISCHT EUCH EIN, FREUNDE, MISCHT EUCH EIN

Schon in *La divina Mimesis* (1975) beschreibt Pasolini dantesk seine *barbarischen Erinnerungen* an eine »Dritte Welt« als Gegenwelt zum wachsenden Konsumterror. Zu seinen Gesängen veröffentlicht er Schwarzweißfotos vom Grab Gramscis, ein Porträt von Sandro Penna oder die vergilbte Fotografie einer afrikanischen Landschaft. Längst hat er die verblödende Wirkung der Massenmedien und die Sprache der Werbung als Mittel zum Zweck dieser unheiligen Konsumwelt erkannt. Seine Stimme findet mehr und mehr Gehör. Als Kritiker wird Pasolini eine Autorität.

Im März 1966 erkrankt er und ist gezwungen, für längere Zeit – entgegen seinem rastlosen Lebensstil – zur Ruhe zu kommen. Er schreibt Theaterstücke: *Calderon, Pylades, Affabulazione oder der Königsmord, Der Schweinestall, Orgie* und *Bestia da stile*, in dem er sich mit Jan Palach identifiziert. Besonders in *Affabulazione* geht er erneut auf die Vater-Sohn-Beziehung ein:

> *Nun, ich wollte*
> *meinen Sohn ja gar nicht umbringen ...*
> *ich wollte selber umgebracht werden!*
> *Findest du das nicht eigenartig?*
> *Er aber wollte mich nicht umbringen*
> *und auch nicht umgebracht werden*
> *[...]*
> *Er machte sich überhaupt nichts aus mir und*
> *aus all den Morden, alten wie neuen,*
> *die einen Vater mit einem Sohn verbinden ...*

In *Der Schweinestall* (den Stoff hat Pasolini 1969 verfilmt) lässt Julian, der Sohn von Bad Godesberger Großindustriellen, die nach dem Krieg wieder ihre schmutzigen Geschäfte planen, sich lieber von den Schweinen auffressen und von den Tieren einverleiben, als zu dieser Gesellschaft gehören zu müssen. Für Pasolini werden Taten zur Poesie, und die Poesie wird selbst zur Tat.

Ab 1972 zieht er sich immer öfter auf sein Anwesen in Chia bei Viterbo zurück und beginnt, seinen Roman *Petrolio* zu schreiben. Er beauftragt den jungen Fotografen Dino Pedriali zwei Aktfoto-Serien mit ihm zu machen: *Nudo di Note* und *Nudo di giorno*. Auf den Fotografien sieht man Pasolini nackt auf seinem Bett. Er liest in einem Gedichtband von Rimbaud. Von Foto zu Foto bemerkt der Leser, wie er von draußen beobachtet wird. Er schreckt auf, geht ans Fenster und versucht, den Täter zu stellen.

Pasolini will, wie er von sich sagt, *den Körper in den Kampf werfen*. Wieder begeht er eine Grenzüberschreitung. Die Schauspielerin Laura Betti hat nach seinem Tod immer wieder versucht, die Veröffentlichung dieser Fotos zu verhindern. Dabei sollten sie, laut Dino Pedriali, Bestandteil von *Petrolio* werden. Den Roman *Petrolio* legt Pasolini auf mehr als 2000 Seiten an. Postum erscheint das Fragment wie ein erster Zettelkasten. Pasolini beschreibt hier sein Land in der Ölkrise. Nicht die Kritik an Italiens Weg in den Konsumfaschismus allein oder exzessive Szenen von schwulem Sex, nicht der nackte und ungeschützte Dichter, nicht die Resignation und pure Verzweiflung sind für ihn der Skandal, sondern der Fakt, den Glauben an moralische und soziale Erneuerung aufzugeben. Das gespaltene oder verdoppelte Ich der Hauptfigur Carlos ist Pasolini selbst. Er nennt den Roman die *Summa* aller seiner Erfahrungen und Erinnerungen.

Für Pasolini sind längst die Rechten und die Linken *körperlich eins* geworden. Der Arbeiter ist verbürgerlicht, und das bäuerliche und frühindustrielle Italien gibt es nicht mehr. Er macht keinen Unterschied mehr zwischen einem faschistischen und antifaschistischen Bürger, der im Konsum-Hedonismus lebt. In der als demokratisch gepriesenen Scheintoleranz sieht er nur die Form des *totalen Faschismus*.

Also: Amtsunwürde, Missachtung der Staatsbürger, Veruntreuung öffentlicher Gelder, finstere Schiebergeschäfte mit den Ölkonzernen, mit der Großindustrie, mit den Banken, stillschweigende Duldung der Mafia, Hochverrat zugunsten einer fremden Nation, Kollaboration mit der CIA, Missbrauch staatlicher Organe wie die des Geheimdienstes SID, Verantwortung für die Massaker von Mailand, Brescia, Bologna [...] Zerstörung von Landschaft und Städten Italiens, Verantwortung für die anthropologische Erniedrigung der Italiener [...] Verantwortung für den, wie es immer so schön heißt, »beklagenswerten« Zustand der Schulen, Spitäler und aller wichtigen sozialen Einrichtungen, Verantwortung für die »unkontrollierte« Landflucht, Verantwortung für die Explosion der Massenkultur und der Massenmedien, Verantwortung für die verbrecherische Dummheit des Fernsehens, Verantwortung für den Zerfall der Kirchen und schließlich neben vielem anderen: Die wahrhaft bourbonische Art der Ämtervergabe. Lutherbriefe

Pasolini will die Täter zur Verantwortung ziehen. In seiner Text-Sammlung *Chaos* (dt. 1981) beschreibt er den Terror der Autorität und Macht. Diese Kolumnen lesen sich heute wie die Vorarbeit zu seinen Büchern *Freibeuterschriften* und *Lutherbriefe*. In seinem Werk gibt es wenige Bezüge zu Deutschland oder besser gesagt, zur Bundesrepublik. In *Der Schweinestall* ist die großbürgerliche Villa der ehemaligen Faschisten in Bad Godesberg die Szenerie (Familien wie Krupp und Thyssen). In *Chaos* gibt es einen kurzen Text über *Die Reife von Dutschke*: Pasolini sieht sich als seinen *wirklichen Vater* und: *Dir dagegen gab ich alle Erfahrung – daher hast du meine und deine: das macht dich zum Vater [...]* (30.11.1968). Daniel Cohn-Bendit hielt er für einen schwachen Intellektuellen; Dutschke dagegen für einen intellektuellen Maestro.

Am Ende seines Lebens dreht er den Film *Salò oder die 120 Tage von Sodom*. Für 120 Tage hält sich in Salò am südlichen Gardasee die Enklave der faschistischen Republik Mussolinis. 1944/45 verschleppen SS-Leute und italienische Faschisten Jungen und Mädchen und bringen sie in eine Villa. Dort warten vier Herren – ein Herzog, ein Bankier, ein Richter und ein Bischof – auf sie, um sie, von vier Huren animiert, in einer inszenierten Orgie zu missbrauchen. Nach der Ouvertüre *Vor dem Inferno* folgen die drei danteksen *Höllenkreise: der Leidenschaft, des Kots und des Blutes*. Die Opfer werden sexuell erniedrigt. Manche kollektiven Erniedrigungen erinnern an heutige Folterbilder aus Lagern wie Abu Ghraib: etwa wenn die Opfer an Hundeleinen geführt werden. Die Jungen und Mädchen müssen Kot essen, einige werden getötet und zerstückelt, während eine der Huren am Klavier Chopin spielt. Nach letzten Exekutionen tanzen zwei Jungen miteinander, und der Film endet mit der Frage: *Wie heißt eigentlich deine Freundin?*

Pasolini bezieht sich auf de Sade, kannte aber auch ein Buch über den Kindermörder Gilles de Rais. *Salò oder die 120 Tage von Sodom* (1975) steht gegen die *Trilogie des Lebens*. Der heilige Körper, wie er Pasolini ihn auch noch in *Teorema* inszeniert, der einzige Besitz des Entrechteten, ist nun degradiert zum puren Objekt der Herrschenden und zur Ware. Heute kann man diese faschistische Szenerie austauschen mit dem Begriff *Konsumfaschismus,* so wie de Sade das Wort »Gott« mit »Macht« tauschte.

Ich verteidige das Heilige als den Teil des Menschen, der der Entweihung durch die Macht am wenigsten widerstehen kann [...] und wodurch hat sie sie ersetzt, diese Empfindung des Heiligen nach dem Verlust? Durch die Ideologie des Wohlstandes und der Macht [...] Ja, dem neokapitalistischen System gelingt es immer auf irgendeine Weise, diejenigen seiner Kinder verschwinden zu lassen, die weder gehorsam noch ungehorsam sind. Die Welt der Produktivität und der Konsumgesellschaft stoßen sie aus, auf ihre Weise. Die

Ordnung verlangt den totalen Gehorsam [...]. In Wirklichkeit sind die Machtmenschen eben Masken. Ich bin sicher, dass, sollte man eine solche Maske lüften, man nicht einmal einen Haufen Knochen oder Asche finden würde: da wäre das Nichts, die Leere [...].
Der Traum des Centaur

Die Wirkung von Pasolinis letztem Film ist bis heute ungebrochen; wie 1975 verlassen viele während der Vorstellung das Kino, von denen manche im Fernsehen oder Internet reale Tötungen und Vergewaltigungen sehen. Pasolini hat seine Kamera zum Fadenkreuz gemacht und somit den Zuschauer zum möglichen Mittäter. Das ist für viele unerträglich. *Die Geschichte von Salò hat es immer gegeben und sie wird sich wiederholen*, für Pasolini manipuliert die Macht den Körper, und die Sexualität wird zum brutalen Zwang. Das Ende seines Films bleibt offen. Stellt die Frage *Wie heißt eigentlich deine Freundin?* einen Schluss dar, der Hoffnung auf die Jugend macht, oder ist diese Frage die Rückkehr zu einer Kleinbürgerlichkeit, die ein nächstes Salò möglich machen könnte?

Wir bewegen uns vorwärts, indem wir unentwegt Dämme hinter uns errichten, damit unser Lebensstrom nicht in die Vergangenheit zurückfließt und somit die Gegenwart entleert [...] Mein ganzes Werk ist nichts anderes als ein Kampf gegen die Macht [...] Die Macht bestraft euch wahrhaft! Und es wäre zum Lachen, wenn etwas anderes als Brutalität herauskommt. Die Bestrafung mit allem, was dazugehört, ist ein archaisches und mittelalterliches Überbleibsel, und die Demokratie sollte sie nicht nur abgeschafft, sondern sogar als Begriff getilgt haben.
Chaos

Pasolinis Appell: *Mischt euch ein, Freunde, mischt euch ein* (aus: *Der Traum des Centaur*) klingt 1975 nicht müde, vielleicht verzweifelt, aber die Fülle seiner Projekte, seine weiteren Einmischungen, die Suche nach Alternativen, die immer wieder neue Auseinandersetzungen mit der Realität, sowie die Suche nach neuen Formen sprechen nicht für künstlerische Resignation.

X

PLÖTZLICH HÖRTE MAN EIN SINGEN

Nun denn: Ich bin ein Neger in einer rassistischen Gesellschaft, die sich mit vollem Stolz ein tolerantes Mäntelchen umhängt. Anders gesagt: Man »toleriert« mich. Geniarello. In: Lutherbriefe

Tatsächlich entspricht Pasolinis Weg vom ländlichen Friaul über die Vorstädte Roms hin zu der Einsamkeit seines Turmes in Chia seinem literarischen Weg von den friulischen Gedichten zu den Rom-Romanen bis zu Carlos I und II, seinem Alter Ego in *Petrolio*.

Der künstlerische Weg des Filmemachers ist ebenso ungewöhnlich. Filme mit Laiendarstellern in Rom, die komische und ernste Auseinandersetzung mit dem Evangelium und der katholischen Kirche, Collagen, Dokumentationen, große archaische Stoffe, Hymnen an den Körper und an die Jugend und schließlich der Abgesang. Danach sollte ein Film über das Leben des heiligen Paulus folgen. Auch hier will Pasolini das Rad der Zeit zurückdrehen. Über die Auseinandersetzung mit Paulus setzt er sich in Beziehung zu dessen Auseinandersetzung mit Christus und der Macht. Pasolini versetzt die Handlung in die Zeit der Jahre 1966/67. Orte der Handlung sind die heutigen Zentren der politischen und wirtschaftlichen Macht:

Klar ist, dass der heilige Paulus auf revolutionäre Weise, mit der schlichten Kraft seiner religiösen Botschaft, eine Gesellschaft vernichtet hat, die auf die Gewalt des Klassenkampfes, des Imperialismus und insbesondere des Sklaventums basierte. Der heilige Paulus

Diese Gewalt verkörpert das Bürgertum. Pasolini will der Aktualität die *Heiligkeit* gegenüberstellen.

Paris während der Besatzung durch die Nationalsozialisten, die Durchquerung symbolischer Wüsten, das Predigen als eine Revolution, das Gelingen und Scheitern von Bekehrungen, die Nähe von rechtsextremem Gedankengut und dem Neokapitalismus, die Bitte des heiligen Paulus, von einem Gericht verurteilt zu werden und sein Ende nicht in Rom, sondern in dem New York der Wallstreet, wo dennoch das Wort »Gott« erklingt: als sei der heilige Paulus unter uns, ein weiterer Dionysos, der uns zu einer Haltung zwingt.

Genau die Haltungslosigkeit ist für Pasolini die grassierende Krankheit des Kapitalismus, der auf diese setzt und sie nutzt. Er selbst wird den Glauben an soziale und politische Erneuerung nicht aufgeben.

Nichts stirbt je in einem Leben. Alles überlebt. Wir leben und überleben zugleich. So ist auch jede Kultur stets mit überlebenden Dingen durchzogen. In dem Fall, den wir nun überprüfen, überleben eben jene berühmten zweitausend Jahre »imitatio Christi«, jener religiöse Irrationalismus. Sie haben keinen Sinn mehr, sie gehören einer anderen geleugneten, verweigerten, überholten Welt an: und doch überleben sie. Es sind historisch tote, aber menschlich lebendige Elemente, aus denen wir uns zusammensetzen.

Mir kommt es naiv, oberflächlich, sektiererisch vor, ihr Vorhandensein abzustreiten oder zu negieren. Ich meinerseits bin antiklerikal (ich habe keine Angst, das zu sagen!), weiß aber, dass in mir zweitausend Jahre Christentum stecken: ich habe mit meinen Vorfahren erst die romanischen Kirchen, dann die gotischen Kirchen und dann die Barockkirchen erbaut: sie sind mein Vermögen, im Inhalt und Stil. Ich wäre wahnsinnig, wenn ich diese mächtige Kraft, die in mir ist, leugnen wollte: wenn ich den Priestern das Monopol des Guten überließe. zitiert nach Nico Naldini

Pasolini überlässt das *Monopol des Guten* natürlich nicht nur nicht den Priestern, sondern auch nicht den Politikern oder der Jugend. Das ist nicht die Klage eines älter werdenden Mannes, der sich nicht mehr verstanden fühlt, sondern Ausdruck purer Verzweiflung über den unaufhaltsamen Verlust von Werten, aber auch die weitere Suche nach neuen künstlerischen Wegen und politischen Alternativen.

Die jungen Freunde lachen und lachen ohne Unterbrechung, ein Lachen wie eine ringelnde Kette, einmal Kettengewirr, einmal gespannte Kette. Ein Lachen, das auch im Morgengrauen nicht aufhört, denn selbst der Schlaf ist nur ein Knäuel dieser Kette. Die Jugend lacht immer, auch wenn sie nachdenklich, verzweifelt oder ängstlich ist. Dieses Gewirr löst sich erst dann, wenn man zur eigenen Verwunderung plötzlich nicht mehr jung ist und das Recht der ewig lachenden Augen anderen gehört. Die laue Wärme vergangener Jahre oder Jahrzehnte hängt, um es noch einmal zu sagen, mit dieser kalten Nacht zusammen, in der man die Fenster offen lassen kann, um die Gegenwart dieses orientalischen Meeres in sich aufzunehmen. Italien, das nicht Italien ist. In: Chaos

Die abstoßenden Masken, die sich die Jugendlichen aufsetzen und mit denen sie so widerlich aussehen wie die alten Huren einer ungerechten Bilderwelt, schreiben ihnen erneut genau das ins Gesicht, was sie lediglich verbal für alle Zeiten verurteilt hatten. So schimmern sie dann wieder durch, die alten Gesichter des Pfaffen, des Richters, des Offiziers, des falschen Anarchisten, des beamteten Narren, des Winkeladvokaten, des Scharlatans, des käuflichen Knechts, des Schlitzohrs, des rechtschaffenen Halunken. Die radikale und pauschale Verurteilung des Väter – die nichts anderes sind als ein Stück Geschichte und vorangegangene Kultur –, gegen die sie eine unüberwindliche Mauer errichtet haben, hat sie schließlich selbst isoliert, so dass ein dialektisches Verhältnis ihnen gegenüber unmöglich wird. Doch nur durch ein solches dialektisches Verhältnis, so dramatisch und spannungsgeladen es auch sein mag, hätten sie zu einem wirklichen historischen Bewusstsein ihrer selbst gelangen und fortschreitend die Väter »überwinden« können. Statt dessen nagelt sie die Isolation, in die sie sich wie in eine andere Welt, wie in ein Jugend-Getto zurückgezogen haben, in ihrer Realität förmlich historisch fest. Und das führte fatalerweise zu einem Rückschritt. Tatsächlich haben sie ihre Väter rückwärts überholt und dabei in

ihrem Äußeren ein Spießertum und eine Armseligkeit und in ihrem Innern Ängste und Anpassungszwänge wiederaufleben lassen, die bereits für alle Zeiten überwunden schienen. Die Sprache der Hure
In: Freibeuterschriften

Pasolini bleibt in seinem letzten Roman seiner künstlerischen Methodik treu. Er beschwört die Vergangenheit und die zerstörten und verschwundenen Welten. Konnte er sie vor allem in seinen Gedichten darstellen und auch überhöhen, sind sie nun Teil seiner Anklage, stehen sie doch für andere Werte. Er selbst draußen auf dem Lande bei Rom schreibt über den Carlos und die vitale Welt um ihn herum, die sexualisierte Mit-Welt sei die Komplizin seiner Einsamkeit. Carlos kann nichts bewahren, er verliert sich in ihr. Aber die Kraft des Wunders bleibt wie in Pasolinis Film *Teorema: Plötzlich hörte man ein Singen.*

»Singen heißt mich das Herz von Gestalten / Verwandelt in neue Leiber«, beginnt Ovid seine »Metamorphosen«.

Pasolini, der Geschichte und Natur zurückgewinnen will, zeigt gerade in *Petrolio* den Übergang von einem Dasein in ein anderes. Er selbst hat als junger Mensch den Faschismus erlebt, und er weiß, was Armut bedeutet. Er musste Friaul verlassen und aus dem fernen Rom mit ansehen, wie das agrarische Italien zerstört wurde. In den Vororten Roms erlebt er den Alltag der Verlierer des neuen Kapitalismus mit. Und er erkennt den Verfall der Werte, seiner Werte und die seiner politischen Weggefährten, hin zu dem, was Politiker heute schamlos die Alternativlosigkeit politischer Entscheidungen nennen. Über die vielen Verwandlungen hinweg lebt Italien 1975 eine Ordnung, in die er nicht mehr gehören soll. Guilio Andreotti hat kurz nach der Ermordung Pasolinis in einem Fernsehinterview auf die Frage nach der Wirkung Pasolinis und dessen Anklagen geantwortet, Pasolini sei halt ein Künstler gewesen. Der Künstler als Sündenbock und Narr.

»Gott ist, wen Götter geliebt, / geehrt nur, / wer verehrt hat«, schreibt Ovid.

*Dann plötzlich ein Bruch in den Erinnerungsträumen: die alte
Welt löst sich von der ihr scheinbar ähnlichen Welt, die in Wirklichkeit aber nur ein totes Relikt ist oder sie in Form artifizieller
Beschwörung imitiert. Ich meine die bäuerliche Welt von damals,
mit Gehölzen und Holzfällern, mit »richtigem« Essen, mit der klassischen Ästhetik, den Tempeln, träge vom Existieren, den uralten
Gewohnheiten, den dauerhaften und absoluten menschlichen Beziehungen, dem herzzerreißenden Abscheiden und dem überwältigenden Heimkehren in eine unveränderte Welt, wo die Knaben
noch wildern und die Mütter noch gutes Essen in alten Familiengasthöfen kochen: in dieselbe Luft, denselben Duft, dieselbe Sonne.
Diese rituellen Lebensformen haben sich jedoch bereits vor einem
weit zurückliegenden Wendepunkt aufgelöst. Und ich, hier an der
Gravenna, weil ich einen Freund in die Kaserne begleitet habe,
fühle nur noch, wie anachronistisch und grausam die Enge ist, die
auch Teil jener alten fernen Welt war. Sie entspricht keiner Realität
mehr, weil jede Spur von notwendiger Initiation verloren gegangen
ist, weil sie nur noch der abgehackte Stumpf einer Welt ist, deren
anbetungswürdige Schönheit vollkommen vergessen, verloren ist.*

Auf dem Land mit Soffici. In: Chaos

*Ich bin allein, draußen auf dem Land, in einer Einsamkeit, die ich
mir wie einen Luxus leiste. Hier habe ich nichts zu verlieren (und
kann daher alles sagen), ich habe aber auch nichts zu gewinnen
(und kann daher aus tieferem Grund alles sagen). Man mag nun
meinen Hunger nach Einsamkeit interpretieren, wie man will,
selbst im Sinne einer Vermutung von Elias Canetti (die Einsamkeit
ist die typische Situation der Tyrannen): Man möge aber kein Urteil aus diesem eher rhetorischen Verweis ableiten, der sich mir an
diesem Punkt aufdrängte.*

*Das Bild von Andreotti oder Fanfani oder Gava oder Restivo in
Handschellen zwischen Polizisten sei als metaphorisches Bild verstanden. Der ganze Prozess sei zuerst einmal Metapher, nicht zu-*

letzt, um meinem Diskurs das gewisse Pathos zu nehmen, das jedem Monolog eigen ist, und ihm etwas Satirisches zu verleihen, vor allem aber, um die lehrhafte Absicht deutlich zu machen. Der Prozess

Im Durcheinander dieser Stunde an der Stazione Termini lag also etwas sexuell Erregendes; Menschen, die wie Staub vom schweren, warmen Regenwind hierhergetrieben zu sein schienen, kreisten vor den braunen Häusermauern, den Schaufenstern der Café-Bars und kleinen Geschäfte; die Autoschlangen, die sich bis zu einer grandiosen Übertreibung in den engen Straßen an den in der abendlichen Dunkelheit sonderbar leuchtenden Ampeln stauten: (alles schien von der Vorstellung an Rita beherrscht zu sein, in allem lag ihr Geschlecht, ihr Fleisch mit seinem leicht üblen Geruch und seiner Zartheit). Und so war es, als wäre die Welt ringsum, strudelnd von Leibern und jeder von ihnen in sein Chaos gezogen, die Komplizin von Carlos Einsamkeit. Jene Einsamkeit, die er durch die Suche nach Sex zu finden hoffte und in der er sich mit einem inneren Glück verlor, dem nichts auf der Welt gleichkam / zu vergleichen war. Petrolio

XI

SIE, DIE TANZTEN ZU DEN KRIEGEN DES BÜRGERTUMS

Zur Zukunft, hören Sie:
Ihre faschistischen Söhne
fahren mit vollen Segeln
zu den Welten der neuen Prähistorie.
Ich werde dort sein
wie einer, der sein eigen Unglück träumet
an den Ufern des Meeres,
in dem das Leben wieder beginnt.
Allein, oder fast, am alten Gestade
zwischen Ruinen antiker Kulturen,
Ravenna, Ostia oder Bombay – es ist gleich –
mit Göttern, die sich entkrusten, alten Problemen
wie Klassenkampf –
die sich auflösen...
                        Verzweifelte Vitalität. In: Wer ich bin

Ravenna, Ostia oder Bombay – es ist gleich: Die Kolonialisierung und Zerstörung findet längst überall statt. *Wie einer, der sein eigen Unglück träumet:* Dieses lange Gedicht liest sich wie die intellektuelle Fortsetzung des autobiografischen Gedichtes *Wer ich bin*, das Pasolini im Alter von 44 Jahren schreibt. Hier nennt er sein Geburtsjahr 1922 und seinen Geburtsort Bologna, vermerkt den Tod seines Vaters 1959 und den Tod seines Bruders Guido. Er bekennt, im Alter von sieben Jahren mit dem Schreiben von Gedichten begonnen zu haben *(ich war ein »siebenjähriger Dichter« / wie Rimbaud)*, betont den Wert des Zusammenlebens mit seiner Mutter, die Liebe zum Friulanischen und den Aufbruch nach Rom *(Schande, Arbeitslosigkeit, Elend / Es kam soweit, dass meine Mutter eine Zeitlang putzen gehen musste. / Und ich werde von diesem Leid nie mehr gesund. / Denn ich bin ein Kleinbürger und kann nicht lächeln wie Mozart...)*. Er bewertet seinen Film *Große Vögel – Kleine Vögel,* versucht, seine Art des Marxismus zu erklären, beschreibt das Leben in den Borgate sowie die wachsenden Angriffe gegen ihn *(Das italienische Bürgertum um mich herum ist ein Haufen Mörder)*. Er nennt die Titel seiner Bücher und Filme, beschreibt die wachsende Verachtung und die eigene Auseinandersetzung mit der Vergangenheit, den Mythen, der Geschichte, der Natur, Sexualität und *dem Beruf des Dichters als Dichter*. Er beschwört die archaische Welt und will doch nicht zu ihr zurück und kein Vater sein, *der das Leben mit Besitz verwechselt hatte* (wie der Vater in *Teorema*). *Darum möchte ich nur leben, / obgleich ich Dichter bin, denn das Leben drückt sich auch allein durch sich selbst aus. / Ich möchte mich durch Beispiele ausdrücken. / Meinen Körper in den Kampf werfen.*

Nun gut, ich gestehe dir, bevor ich dich verlasse,
dass ich Musik schreiben möchte,
mit Instrumenten leben möchte,
im Turm von Viterbo, den ich nicht kaufen kann,
in der schönsten Landschaft der Welt, wo Ariost
außer sich wäre vor Freude beim Anblick der wiedererstandenen Unschuld von Eichen, Hügeln, Gewässern und Schluchten,
dass ich dort Musik schreiben möchte,
die einzige Tat des Ausdrucks
vielleicht, erhaben und unerklärlich wie die Taten der Wirklichkeit.

In *Wer ich bin* verwebt Pasolini die private Biografie mit der beruflichen, das Privatleben mit dem Öffentlichen, und bringt die Gefährten mit den Dichtern zusammen, wie Pound oder Ginsberg, Künstlern, wie Giacometti oder Bacon, oder die verlorenen Geliebten mit den Protagonisten einer Antike, die er weiterzuschreiben versucht. *Das Schweigen des Pylades* wird Revolte und Elektra und Orest sind die *Kinder der Vernunft*.

In dem Gedicht *Eine verzweifelte Vitalität*, das sich wie das lyrische Skript für einen Film von Godard liest (*Wie in einem Film von Godard,* heißt es gleich am Anfang), schlägt Pasolini größere

Bögen: Reisen nach Afrika und Indien, Friaul, die *poetische Regression* als Poetologie, das Anstoß-Erregen, die Auditorien der Selbstgefährdung. Die Prophezeiung.

Pasolini klagt die *Massenvernichtung, die das Bürgertum an bestimmten Schichten der beherrschten Klasse verübt,* an. Es geschehe die totale Assimilierung. Das sei eine Kulturvernichtung.

Es lebe die Freiheit, heißt es immer wieder in seiner Film-Collage *La rabbia* (1963): *Die Revolution erfordert einen einzigen Krieg, den in den Köpfen der Menschen.*

> *[...]*
> *Alí mit den Blauen Augen,*
> *einer der vielen Söhne der Söhne,*
> *wird kommen von Algier, auf Schiffen*
> *mit Segeln und Rudern. Mit ihm*
> *werden Tausende sein*
> *mit kleinen Körpern und armen*
> *Hundeaugen der Väter*
> *aus den Schiffen aus dem Reich des Hungers. Sie bringen die Kinder mit, das Brot und den Käse im gelben Papier des Ostermontag. Sie bringen die Großmütter und Esel auf Dreiruderern, gestohlen in den Häfen der Kolonien. Sie landen in Crotone oder Palmi*
>   *zu Millionen, bekleidet mit asiatischen*
>   *Lumpen und amerikanischen Hemden.*
> *Sofort sagen die Kalabresen*
> *wie Pack zum Pack:*
> *»Seht da die alten Brüder*
> *mit Kindern, Brot und Käse!«*
> *Von Crotone oder Palmi ziehen sie*
> *hoch nach Neapel und von da nach Barcelona,*
> *Thessaloniki und Marseille,*
> *in die Städte des Verbrechens.*
> *Seelen und Engel, Ratten und Läuse*

mit dem Keim der Alten Geschichte
fliegen her vor ihren willaye.
sie immer demütig
sie immer schwach
sie immer scheu
sie immer niedrig
sie immer schuldig
sie immer untertan
sie immer klein
sie, die nie wissen wollten, sie, die Augen nur hatten zum Flehen,
sie, die wie Mörder lebten unter der Erde, sie, die wie Räuber lebten
auf dem Grunde des Meeres, sie, die wie Verrückte lebten mitten
im Himmel,
sie, die sich machten
Gesetze außerhalb des Gesetzes,
sie, die sich passten
in eine Welt unter der Welt,
sie, die glaubten
an einen Gott Diener Gottes,
sie, die sangen
zu den Massakern der Könige,
sie, die tanzten
zu den Kriegen des Bürgertums,
sie, die beteten
zu den Kämpfen der Arbeiter…
[…]

Prophezeiung

XII

DIE WOHNUNGSSUCHE

Pasolini galt als ein eher verschlossener Mensch und war sicher kein Genießer, was etwa die italienische Küche anbelangt. Freunde von ihm berichten, dass er das allabendliche Ritual liebte, mit ihnen essen zu gehen. Er redete aber wenig und aß hastig. Alberto Moravia bescheinigt ihm einen »Reichtum an Menschlichkeit« und »eine große Sanftheit«.

Er war wohl ein Intellektueller, der seine Kritik mit fundiertem Wissen untermauert, aber seine starke Empathie mitformuliert und thematisiert. Bis zum Alter von etwa zwanzig Jahren ist er praktizierender Katholik. Der Glaube gehört zu seinen Wurzeln. Die Beziehung zu seinem Vater gibt ihm keinen Halt, und die zu seiner Mutter ist wohl zu nah. Der Vater war ein gewalttätiger Choleriker, die Mutter eine Frau, die nur das sehen kann, was sie sehen will. Der Verlust der Zugehörigkeit zur Kommunistischen Partei Italiens ist für den jungen Pasolini sicher schmerzhaft gewesen. Später emanzipiert er sich zu einem freien Kopf, der eher Anstoß erregt unter den Genossen, als uniformen Applaus zu ernten. Er lernt, Anstoß erregen zu wollen. Er erlernt die Sprache der Borgate und sieht in den Jugendlichen dort ein Potential des Aufbegehrens. Diesen Glauben muss er revidieren. Zum Schluss lebt er mit seiner Mutter in Rom und zieht sich in Chia in seinem Anwesen zum Schreiben zurück. Er will *Petrolio* beenden und ein Drehbuch über das Leben des heiligen Paulus schreiben. Die italienische Gesellschaft, welcher Couleur auch immer, hält Kommunisten für moralische Kämpfer für die richtige oder falsche Sache. Ein Homosexueller aber, der sagt, ich bin Kommunist, ist in ihren Augen unmoralisch, ja, unmöglich, der kommunistische Christ ein Skandal.

Pasolini hat unerbittlich seinen Blick gerichtet auf die Missstände, die politischen Skandale in der Gesellschaft. Er klagte die Entscheidungen der Politiker an und gab deren Opfern eine Stimme. Zu spekulieren, was er über die »Ära« Berlusconi oder das Verschwinden der italienischen Linken zu sagen gehabt hätte, bleibt müßig. Sehr wohl aber kann man davon ausgehen, dass er politische Entscheidungen scharf kritisieren würde und die von Politikern immer wieder bemühte »Alternativlosigkeit« negieren würde. Die Umweltpolitik sowie die Macht der (neuen) Medien hat er als einer der ersten Schriftsteller thematisiert. Damals haben ihn deutsche Verleger als »grünen Spinner« bezeichnet. Und denkt man an sein Gedicht *Prophezeiung*, weiß man um seine Haltung zu der Frage, wie geht man mit Menschen um, die Schutz suchen.

Die Wohnungssuche

Ich suche eine Wohnung, mich darin zu vergraben,
und zieh durch die Stadt gleich einem Insassen
des Armenspitals, des Pflegeheims,

dem man Ausgang gegeben, das Gesicht noch vom Fieber
verdorrt und gebleicht unterm Bart.
Aber, mein Gott, eine Wahl habe ich nicht.

Dieser fahle, verwirrende Tag
voll verbotenen Lebens in der Dämmerung
des Abends, die düsterer ist als die Frühe,

wirft mich in die Straßen einer feindlichen Stadt,
um die Bleibe zu suchen, die ich gar nicht mehr will.
Die Manöver der Angst sind geglückt. [...]

vielleicht werd ich einst euch danken müssen
für diese schändliche Kraft, die nicht läutert,
ihr Konformisten mit den verdorbenen Herzen,

nicht durch die böse Macht eures Geldes,
im Herzen selbst seid ihr schon verdorben,
das zu anderen Zeiten gewaltsam

verbildet wurde. Menschliches Herz:
das ich, als ein Mensch, nicht mehr
zu leben weiß, nicht mehr zu richten,

da ich hier am Abgrund der Welt,
verdammt dazu bin, als ein Anderer zu gelten,
an alle junge Liebe verloren.

Unter freiem Himmel

Dieses Gedicht erscheint 1962 in dem Band *Poesia in forma di rosa* und thematisiert Pasolinis professionellen Lebensweg und sein Dilemma: *Die Bleibe zu suchen, die ich gar nicht mehr will.* Auf Vorbesichtigungsreisen nach Eritrea, Kuwait oder dem Jemen findet er eine andere bedrohte Schönheit. Er schreibt Reiseberichte (*Der Atem Indiens,* 1962), veröffentlicht ein Gedicht mit dem Titel *Guinea* und thematisiert seine politische Hoffnung auf andere Kulturen auf einem anderen Kontinent in *Fragment an den Tod.*

Erfuhr Pasolini im Italien der fünfziger und sechziger Jahre die Industrialisierung als eine Art Kolonialismus, den boomenden Kapitalismus als die Wohlstand verheißende und alle anderen Gesellschaftsentwürfe nivellierende Wirtschaftspolitik, beklagt er immer wieder die Abstumpfung der Sinne wie die verstellte Wahrnehmung von Wertigkeit und ihre Entwertung. Das Verlorene versucht er in seinen Romanen, Gedichten und Filmen zu vergegenwärtigen und polemisiert gegen die Kräfte, die allein im Gewinnmachen einen Wert sehen. Vergleichbar mit dem Werk Federico García Lorcas, der eine Generation früher, von Andalusien kommend, New York als persönliche Befreiung empfindet, aber in seinem Band »Dichter in New York« die Entfremdung, den Rassismus und die Börse als den Ort der Entwertung beschreibt, bewegt Pasolini sich zu seiner Zeit vom agrarischen Norden in die Großstadt, Sinnbild für den Fortschritt als Befreiung und Bedrohung zugleich.

Unermüdlich plädiert er für Werte, die nicht an der Börse gehandelt werden. Beschrieb Gabriel García Marquez in seinem Roman »Hundert Jahre Einsamkeit« sein Macondo, einen utopischen Ort, wo die Protagonisten, die Familie Buendía, versuchen, ein Zusammenleben ohne Geld und Neid, Täter und Opfer zu führen. Doch die Erinnerung an die bewährten Währungen wird allzu lebendig, und aus einem Traum wird der Alptraum. Das erinnert an »Das Goldene Zeitalter« des Don Quijote oder des Gonzalo in Shakespeares »Sturm«.

Pasolini führt seine »Wohnungssuche« bis in die siebziger Jahren fort. Kollegen behaupten, er sei einsam und zunehmend verbittert gewesen. Dagegen steht die unvergleichliche Kraft seiner Polemik, die ihn sicher immer angreifbarer macht. Seine Gegner werfen ihm vor, er trauere einem Italien nach, das es so nie gegeben hätte, und träume von der »Heiligkeit des Lebens«. Pasolini aber greift an. In den *Lutherbriefen* fordert er, die führenden Christdemokraten vor Gericht anzuklagen. Er will sie in Handschellen sehen, habe ihre Fehleinschätzung doch dem eigenen Land radikal und bewusst geschadet.

Er selber sieht sich nicht als Moralist, sondern als Analytiker der Moderne. Allerdings antwortet er mit Pathos auf Pathos. Sein Protest gilt eben der Schaffung oder Bewahrung einer anderen Währung. Pasolini will nicht den Priestern des Markts das Monopol überlassen. Sein Werk beglaubigt eine ganz andere Währung, die einer Sehnsucht, die sich von Werk zu Werk anders formuliert und hier einen anderen Traum vom Leben zu bewahren weiß.

XIII

MAN MUSS DEM SKANDAL INS AUGE SEHEN

*[...]
Jan:
Dichter möchte ich sein: Ich trenne diesen Entschluss nicht
von den dunklen Düften der Küche
in der Winterstube, die dem Abendessen vorausgeht
(und es schmerzt so sehr – ein auf ewig unerklärlicher Schmerz
in den Herzen der Kinder)*

...

*Ich trenne ihn nicht von der Kornspeicherstille
der schwebenden Zimmer in jenen Nächten, in denen die Kinder
alleine bleiben mit dem ganzen Himmel über sich.*

...

*Ich trenne ihn nicht von den Dächern und Schwalben,
die sie und ich, mit nach Bleistiftholz riechenden Händen,
bei Sonnenaufgang vom Fenster aus betrachteten.
Meine Entscheidung, Dichter zu sein, steht.*

...

*Das Licht
der Gewissheit meines Auges als Kreuzritter
kommt von der Kenntnis der geheimsten Winkel
meines Orts, Hütten, Kanäle, Flugwindungen:
alles zusammen von der verbindlichen Vorstellung,
meiner und der meines Volkes
– und so tief, dass es keiner Worte bedarf –,
dass jede Institution richtig ist.
Darüber werde ich zum Held und auch zum Rowdy.
Ich bin bereit, für den zu sterben, der gewinnt.*

An seinem Theaterstück *Bestia da stile* schreibt Pasolini in den Jahren von 1965 bis 1974. Er schreibt um, aktualisiert, und dieses Drama über Jan Palach wird ihm zu einer Art Autobiografie.

Jan Palach, geboren 1948 in Mělník, war ein tschechoslowakischer Student, der sich aus Protest gegen die brutale Niederschlagung des Prager Frühlings und gegen das Diktat der Sowjetunion am 16. Januar 1969 in Prag auf der Treppe des Nationalmuseums mit Benzin übergießt und sich zu verbrennen versucht. Am ganzen Körper brennend, rennt er auf den Wenzelsplatz hinaus. Ein Fahrdienstleiter an der dortigen Straßenbahnhaltestelle versucht ihn zu retten. Jan Palach erliegt am 19. Januar 1969 in einem Krankenhaus seinen Verbrennungen. Am Tag zuvor soll er einem Arzt gesagt haben, dass er es nicht bereue. Auf die Frage einer Psychologin, ob die Verbrennungen weh tun würden, antwortet er mit: »Genug.«

Drei Stunden vor seinem Tod diktiert er einem Kommilitonen die Worte, die dieser später im Radio verlesen wird: »Meine Tat hat ihren Sinn erfüllt. Aber niemand soll sie wiederholen. Die Studenten sollten ihr Leben schonen, damit sie ihr ganzes Leben lang unsere Ziele erfüllen können, damit sie lebendig zum Kampf beitragen. Ich sage Euch ›Auf Wiedersehen‹. Vielleicht sehen wir uns einmal wieder.«

In der Nacht auf den 20. Januar werden Plakate an die Wände geklebt, auf denen Jan Palach zitiert wird: »Da unser Land davor steht, der Hoffnungslosigkeit zu erliegen, haben wir uns dazu entschlossen, unserem Protest auf diese Weise Ausdruck zu verleihen, um die Menschen aufzurütteln. Unsere Gruppe ist aus Freiwilligen gebildet, die dazu bereit sind, sich für unser Anliegen selbst zu verbrennen. Die Ehre, das erste Los zu ziehen, ist mir zugefallen, damit erwarb ich das Recht, den ersten Brief zu schreiben und die erste Fackel zu entzünden.«

Italien ist ein Land, das immer dümmer und ungebildeter wird. Eine immer unerträglichere Geschwätzigkeit feiert dort fröhliche Urstände. Zudem gibt es keinen übleren Konformismus als den der Linken: Vor allem natürlich, wenn die Rechte ihn sich zu eigen macht.

In seinem Vorwort zu *Bestia da stile* drückt Pasolini seine Kritik am Theater von Dario Fo, aber auch an Strehler, Ronconi und Visconti aus. Living Theatre, Traditionstheater oder Neo-Avantgarde, dagegen setzt er sein Drama *Bestia da stile* und weiß, dass die *Pilatusse (die Literaturkritiker) ihn zu den Herodessen (den Theaterkritikern) schicken, in einem Jerusalem, von dem, wie ich hoffe, bald kein Stein mehr auf dem anderen bleibt.*

Dieses Theaterstück gilt es noch zu entdecken (nicht nur im deutschsprachigen Raum). Pasolinis Jan ist ein Dichter zwischen Thomas, Machado, Kavafis und Palachs Landsmann Kafka. Er beschreibt die Geschichte des Landes und die Biografie von Jan Palach, die Täter und Opfer im Krieg und der Nachkriegszeit, die Armut und schreibt über *Geld und Güter-Ideale, die uns Bürgern so lieb und wert sind.*

Jan:
... mein Herz ist verwundet von einer Idee.

Pasolini lässt ihn vor den eingeschlafenen Genossen monologisieren *für die Nachgeborenen!* Mallarmé, Joyce, Eliot und sowieso Rimbaud werden Jans Paten, er, *gerüstet allein mit Leidenschaft.*

Pasolinis Auseinandersetzung mit der Macht und der Umgang einer Gesellschaft mit ihren Außenseitern lassen ihn nicht resignieren. »Mischt euch ein, Freunde, mischt euch ein!«, fordert er in einem Interview. Der Großteil seines Werkes ist nicht nur Einmischung, sondern auch ein Plädoyer hierfür. »Man muss dem Skandal ins Auge sehen«, zitiert der skandalisierte Pasolini den heiligen Paulus. Widerstand bedeutet Hoffnung. Sein

Gedicht *Guinea* ist der poetische Ausdruck dieser Hoffnung. Vielleicht kann dieser ihm damals weitgehend noch unbekannte Kontinent ein Ort sein, in dem unsere Geschichte nicht zu Ende ist (wie in den Hallen des *Konsumfaschismus*), sondern hier kann sie befreit werden. Heute wissen wir es anders.

Diesen Fragen geht Peter Kammerer in dem von ihm herausgegebenen Buch »Afrika, letzte Hoffnung« nach. Pasolinis Gedicht *Fragment an den Tod* endet mit den Worten:

> *Ich bin gesund, wie du mich willst,*
> *die Neurose treibt ihre Zweige aus mir,*
> *Erschöpfung trocknet mich aus, doch*
> *sie hat mich nicht: neben mir*
> *lacht das letzte Leuchten der Jugend.*
> *Alles habe ich bekommen, was ich gewollt habe,*
> *weiter bin ich gegangen als gewisse Hoffnungen*
> *der Welt: entleert bin ich,*
> *und du bist hier, in meinem Inneren, füllst*
> *meine Zeit und die Zeiten.*
> *Vernünftig war ich und*
> *irrational: beides bis auf den Grund.*
> *Nun aber ... oh Wüste, betäubt*
> *vom Wind, von der herrlichen und schmutzigen*
> *afrikanischen Sonne, welche die Erde erleuchtet.*
>
> *Afrika! Meine einzige*
> *Alternative...*

Was geschieht heute mit den Menschen, die unter Einsatz ihres Lebens Schutz suchen? Vernünftig und irrational geht Pasolini weiter als *gewisse Hoffnungen der Welt*.

Paulus schreibt im ersten Brief an die Korinther, dass zwischen Glaube, Hoffnung und Liebe eben die Liebe die größte Macht ist. Und Pasolini ergänzt: *Macht – und zwar jede Form der*

Macht – macht Gebrauch vom Alibi des Glaubens und der Hoffnung. Vom Alibi der Liebe hingegen nicht. Im Herbst 1975 fordert er: *Macht Skandale, lästert, flucht.* Er will gegen das scheinbar Unveränderliche vorgehen und ruft zur Umkehr auf. Er will der Regierung seines Landes und Italien selbst den Prozess machen. Er weiß, nicht wach zu sein, heißt sich schuldig machen. Er will eine andere Währung.

Wer dem Skandal ins Auge sieht, hat und braucht kein Alibi.

Schüler des Skandals

Ein Sohn, geboren vor langer Zeit, in der Welt der Bürger,
in der Hand das Banner des Neuen,
Schüler des Skandals,
Erbe der Revolution,
gestorben aus Liebe
zu einer Welt der regendurchnässten Blätter,
der nichts Süßeres fand als das Fortleben
der Väter in den Söhnen.

La nuova gioventù

Zitierte Textausgaben: **Accattone.** Aus dem Italienischen von Ulrich Enzensberger. München 1984. **Affabulazione oder Der Königsmord. Pylades.** Zwei Stücke. Aus dem Italienischen von Heinz Riedt. Frankfurt 1977. **Afrika, letzte Hoffnung.** Vorgestellt von Peter Kammerer. Mit Fotografien von Didier Ruef. Aus dem Italienischen von Annette Kopetzki und Dorothea Dieckmann. Hamburg 2011. **Alí mit den blauen Augen.** Erzählungen, Gedichte, Fragmente. Aus dem Italienischen von Bettina Kienlechner und Hans-Peter Glückler. München 1990. **Barbarische Erinnerungen. La Divina Mimesis.** Aus dem Italienischen von Maja Pflug. Berlin 1983. **Chaos. Gegen den Terror.** Aus dem Italienischen von Agathe Haag und Renate Heimbucher. Hrsg. von Agathe Haag. Berlin 1981. **Das Herz der Vernunft.** Gedichte, Geschichten, Polemiken, Bilder. Zusammengestellt und erläutert von Burkhart Kroeber. Berlin 1986. **Der heilige Paulus.** Hrsg. von Reinhold Zwick und Dagmar Reichardt. Mit einem Geleitwort von Dacia Maraini. Aus dem Italienischen übersetzt von Dagmar Reichardt. Mit einem kritischen Kommentar der Hrsg. sowie einem Nachwort von Reinhold Zwick. Marburg 2007. **Der Traum des Centaur.** Dialoge 1968–1975. Aus dem Italienischen von Hermann Zanier. Berlin 2002. **Der Traum von einer Sache.** Aus dem Italienischen von Hans-Otto Dill. Mit einem Nachwort von Alfred Antkowiak. Illustriert von Harald Metzkes. Berlin 1968. **Die Türken in Friaul.** Aus dem Friulanischen von Hans Kitzmüller und Hans Ogris. Klagenfurt 1995. **Freibeuterschriften.** Die Zerstörung der Kultur des Einzelnen durch die Konsumgesellschaft. Neu hrsg. von Peter Kammerer. Berlin 1998. **Gramscis Asche.** Gedichte. Italienisch – Deutsch. Übersetzt von Toni und Sabina Kienlechner. Nachwort von Michael Marschall von Bieberstein. München 1980. **Ketzererfahrungen.** Schriften zu Sprache, Literatur und Film. Aus dem Italienischen übersetzt, kommentiert und mit einem Nachwort versehen von Reimar Klein. Berlin 1982. **Lutherbriefe.** Aus dem Italienischen von Agathe Haag. Wien 1983. **Mamma Roma.** Aus dem Italienischen von Ulrich Enzensberger. München 1985. **Petrolio.** Aus dem Italienischen übertragen von Moshe Kahn. Mit einer fotografischen Abbildung Pasolinis als Frontispiz. Hrsg. von Maria Careri und Graziella Chiarcossi unter der Leitung von Aurelio Roncaglia. Berlin 1994. **Prophezeiung.** Gedichte. Berliner Ensemble. Drucksache 11. Red. Heiner Müller und Peter Kammerer. Berlin 1995. **Ragazzi di vita.** Aus dem Italienischen von Moshe Kahn. Berlin 1990. **Teorema oder die nackten Füße.** Aus dem Italienischen von Heinz Riedt. München 1980. **Unkeusche Handlungen. Amado mio.** Zwei Romane über die Freundschaft. Aus dem Italienischen von Maja Pflug. Berlin 1984. **Unter freiem Himmel.** Ausgewählte Gedichte. Aus dem Italienischen von Toni und Sabine Kienlechner. Berlin 1982. **Wer ich bin.** Mit einer Erinnerung von Alberto Moravia. Berlin 1995.

Zitierte Forschungsliteratur: **Georgio Galli: Pasolini.** Der dissidente Kommunist. Zur politischen Aktualität von Pier Paolo Pasolini. Aus dem Italienischen übersetzt und eingeleitet von Fabien Kunz-Vitali. Hamburg 2014. **Nico Naldini: Pier Paolo Pasolini.** Eine Biographie. Aus dem Italienischen von Maja Pflug. Berlin 1991. **Enzo Siciliano: Pasolini.** Leben und Werk. Aus dem Italienischen von Christel Galliani. Weinheim 1982.

Die Rechtschreibung der Zitate wurde um der besseren Lesbarkeit willen behutsam an die neuen Regeln angepasst.

Inhalt

Ich weiß — 5
Ein Friaul, das unbekannt lebt mit meiner Jugend — 21
Mit dem wissenden Herzen — 27
Ich bin eine Kraft der Vergangenheit — 41
Hört nicht auf mich — 53
Entweihungen — 61
Mein Schrei — 67
Lasst uns umkehren — 75
Mischt euch ein, Freunde, mischt euch ein — 83
Plötzlich hört man ein Singen — 91
Sie, die tanzten zu den Kriegen des Bürgertums — 99
Die Wohnungssuche — 105
Man muss dem Skandal ins Auge sehen — 111

Pier Paolo Pasolini (1922–1975) ist vor allem durch seine sozialkritischen Filme *Mamma Roma, Das 1. Evangelium – Matthäus* oder *Die 120 Tage von Sodom* bekannt. Sein umfangreiches künstlerisches Werk besteht allerdings auch aus Romanen, Erzählungen, Theaterstücken, Drehbüchern, Gedichten sowie einer Vielzahl politischer Schriften. Der Mord an Pasolini ist bis heute nicht zweifelsfrei geklärt. Ein zunächst geständiger und verurteilter Stricher widerrief später seine Aussage mehrmals. Ein politisch motivierter Auftragsmord wird als nicht unwahrscheinlich angesehen, hatte sich Pasolini doch unmittelbar vor seinem Tode mit den heute bekannten Verstrickungen des italienischen Geheimdienstes in terroristische Attentate beschäftigt.

Christoph Klimke (geb. 1959) hat mehrfach über Pasolini publiziert, u. a.: *Kraft der Vergangenheit. Zu Motiven der Filme von Pier Paolo Pasolini* (1988) und *Wir sind alle in Gefahr. Pasolini. Ein Prozess* (1995); für letzteren Essay erhielt er den Ernst-Barlach-Preis für Literatur. Er dramatisierte Pasolinis Film *Teorema* für die Volksbühne Berlin, Choreographisches Theater Johann Kresnik, und für das Landestheater Tübingen sowie *Die 120 Tage von Sodom,* nach de Sade und Pasolini, für die Volksbühne Berlin. Klimke übersetzte aus dem Italienischen, verfasste Drehbücher u. a. zu Dokumentarfilmen über Alberto Moravia (ZDF) und Pier Paolo Pasolini (WDR und Arte) sowie Prosa, zuletzt *Unwiderruflich glücklich* (2013). Er schrieb Opernlibretti für die Komponisten Detlev Glanert: *Das Holzschiff* (Staatsoper Nürnberg) und Johannes Kalitzke: *Die Besessenen* (Theater an der Wien) sowie *Pym* (Theater und Orchester Heidelberg). Er erhielt zahlreiche Auszeichnungen. Im Elfenbein Verlag erschien zuletzt sein Lyrikband *Fernweh* (2013) mit einem Nachwort von Günter Kunert.